Silvia Regelein

Klug gerechnet mit Hase und Igel

Mathematik 2. Klasse

Materialien für den Unterricht
Hase und Igel®

www.hase-und-igel.de

Lektorat: Monika Burger, Juliane Müller
Herstellung: Margit Kratzl, Claudia Trinks
Illustrationen: Martina Mair, Robert Burian (Würfelhäuser)
Druck: Himmer AG, Augsburg

ISBN 978-3-86760-818-3

Vorwort

Frischer Wind für Ihren Mathematik-Unterricht! Mit diesem Band können Sie alle wesentlichen Lerninhalte des zweiten Schuljahrs einführen, üben und festigen. Vielfältige Aufgabentypen und die sympathischen Figuren Hase und Igel sorgen dabei für Abwechslung und Motivation: Dem vorlauten und manchmal etwas zu schnellen Hasen können die Kinder helfen, wenn er mal wieder einen Fehler gemacht hat, die Tipps des pfiffigen Igels verweisen auf mögliche Fehlerquellen und geben wertvolle Hinweise. Nicht zuletzt bieten die beiden Figuren zahlreiche Anlässe für interessante und witzige Sachrechenaufgaben.

Dem ausführlichen Inhaltsverzeichnis auf der folgenden Doppelseite können Sie die Struktur des vorliegenden Bandes entnehmen. Kernstück sind rund 100 ansprechend gestaltete Kopiervorlagen für die Hand der Schülerinnen und Schüler, die sich in sieben thematische Schwerpunkte gliedern und ohne Aufwand und lange Vorbereitungszeit im Unterricht einsetzbar sind. Jeder Schwerpunkt wird durch einen Lehrerteil eingeleitet, der Erläuterungen zum Einsatz der Kopiervorlagen, Lösungen und weitere praxiserprobte Ideen zur Unterrichtsgestaltung bietet. Auch spielerische Übungsformen sowie handelndes Erforschen und Entdecken kommen dabei nicht zu kurz. Eine schnelle und präzise Orientierung im Lehrerteil wird durch graue Kästen gesichert, in denen die Lerninhalte des jeweils folgenden Abschnitts zusammengefasst sind.

Die größte Motivation für ein Kind ist es, wenn es sagen kann: „Ich kann das!“ Deshalb bieten die Kopiervorlagen die Lerninhalte in sorgfältig überlegten, kleinen Lernschritten an. Es ist besser, Schwierigkeiten frühzeitig zu sehen und auszuräumen, als sie später mühsam beheben zu müssen. Daher zielt die einfache und klare Darstellung auf weitgehend selbstständiges Verstehen und Üben ab. Viele Kopiervorlagen können auch als Hausaufgabe oder in der Freiarbeit eingesetzt werden. Die Tipps zum Rechnen regen nicht nur die Kinder zur konsequenten Umsetzung des Gelernten an, sondern zeigen auch Eltern, Förder- und Nachhilfelehrern genau, was und wie es gelernt wurde. Zugleich werden den Kindern bestimmte Lernstrategien (Stichwort: „Lernen lernen“) nahegelegt.

Praktische Tipps für Ihren Unterricht

• Differenzierung
Die letzten Aufgaben auf den Kopiervorlagen eignen sich oft als Zusatzangebot für „schnelle Rechenhasen“ oder „schlaue Rechenigel“. Um Ihrer Unterrichtsgestaltung und Klassensituation nicht vorzugreifen, wurde jedoch darauf verzichtet, diese Aufgaben ausdrücklich als Differenzierungsangebot zu kennzeichnen. Weitere Zusatzangebote können Sie in zwei Schachteln auslegen oder in zwei großen Umschlägen an die Pinnwand hängen. In einer Schachtel (oder einem Umschlag) sind Blätter mit leichten Aufgaben, in der anderen Blätter mit schwierigen Aufgaben.

• Flexible Differenzierung
Nach einer möglichst kurzen Erklärung von Ihnen arbeiten die Kinder für sich. Wer nicht weiterweiß, meldet sich. Mit diesen Kindern arbeiten Sie gemeinsam am konkreten Modell, an der Tafel oder auf einer Folie, während die anderen still weiterarbeiten. Wer wieder alleine zurechtkommt, kann sich jederzeit von der „Lehrergruppe“ lösen.

• Gegenseitiges Helfen und der Hilfestein
Wenn ein Kind nicht weiterkommt, kann es seinen Nachbarn flüsternd fragen, aber keinesfalls von ihm abschreiben. Erklären Sie den Kindern diese Maßnahme. Kommt es trotzdem nicht voran, legt das Kind einen Hilfestein auf seinen Tisch. Halten Sie dazu einige Kieselsteine in einer Schachtel bereit. Kinder, die ihre Arbeit beendet haben, gehen in der Klasse herum und helfen an einem sonst nicht genutzten Tisch einem Kind, das Hilfe braucht.

• Formales
Ein ordentlicher Arbeitsplatz trägt zur Konzentration bei. Das in der Mitte liegende, zusammengeklappte Mäppchen bewirkt von selbst, dass die Kinder auseinanderrücken und für sich arbeiten.

Das Schreiben mit Bleistift erleichtert nötige Korrekturen. Wenn die Kinder Felder farbig ausmalen sollen, malen sie am besten nur leicht mit Buntstiften, sodass die Schrift lesbar bleibt und sich die Farbgebung ggf. korrigieren lässt.

Und nun: Ihnen und Ihrer Klasse viel Spaß und Erfolg mit dem schnellen Hasen und dem schlauen Igel!

Inhalt

1. Wiederholung von Inhalten des 1. Schuljahrs

2. Die Zahlen bis 100

3. Addition und Subtraktion (1)

4. Multiplikation und Division

Inhalt

5. Addition und Subtraktion (2)

6. Größen und Arbeit an Sachsituationen

7. Geometrie

1. Kapitel: Wiederholung von Inhalten des 1. Schuljahrs

Vorbemerkung

Das sichere Beherrschen der Addition und Subtraktion im Zahlenraum bis 20 ist eine grundlegende Voraussetzung für den Unterricht in der zweiten Jahrgangsstufe. Aufgaben ohne Zehnerübergang, die mithilfe dekadischer Analogie zu lösen sind ($7 - 4 = 3 \rightarrow 17 - 4 = 13$), bereiten in der Regel kaum Probleme. Im Gegensatz dazu können noch nicht alle Kinder am Ende des ersten Schuljahrs Aufgaben mit Zehnerübergang erfolgreich lösen, bei denen das Rechnen in zwei Schritten erfolgt.

Zu Beginn der zweiten Jahrgangsstufe ist es daher sinnvoll, wenn Sie sich einen Überblick über den Leistungsstand Ihrer Schüler verschaffen. So erhalten Sie Hinweise auf noch vorhandene Schwierigkeiten im Umgang mit bereits bekannten Rechenoperationen und können entsprechende Aufgaben zum Wiederholen und Üben einplanen. Abwechslungsreiche Aufgabenstellungen mit neuen Darstellungsformen lassen keine Langeweile aufkommen. Zudem ermöglicht die Erweiterung des Zahlenraums bis 30 eine Wiederholung auf anspruchsvollerem Niveau.

Praktische Tipps für Ihren Unterricht

Organisation der Hefte

Damit Sie beim Korrigieren nicht unter Zeitdruck geraten, führen die Kinder zwei Hefte für den Mathematikunterricht. In einem Heft können die Kinder ihre Aufgaben erledigen, das zweite Heft ist bei Ihnen. Zunächst genügen Hefte im übersichtlichen DIN-A5-Format. Sobald das Messen und Zeichnen mit dem Lineal eingeführt wird, empfiehlt sich ein DIN-A4-Heft, damit sich auch größere Strecken zeichnen lassen. Geben Sie für den Hefteinband eine feste Farbe vor.

Einführung in die Heftführung

Zum Schuljahresanfang ist es sinnvoll, mit den Kindern die erwünschten Regeln für Hefteinträge gemeinsam zu besprechen. Als anschauliche Hilfe können Sie dann ein Merkplakat mit den wichtigsten Punkten im Klassenzimmer aufhängen. Zusätzlich können die Kinder ein entsprechendes Blatt in ihr Heft auf die Innenseite des Umschlags oder die erste Seite kleben. Selbstverständlich bleibt es Ihnen überlassen, welche Regeln Sie festlegen. Die folgenden Punkte sind daher als unverbindliche Anregung gedacht:

- Rings um die Heftseite sollte ein einheitlicher Rand freigelassen werden. Um das Freilassen einzuüben, malen die Kinder zwei Kästchenreihen (nur „ganze“ Kästchen zählen) farbig aus.
- In der ersten Zeile wird auf der linken Seite das Datum des Hefteintrags angegeben, auf der rechten Seite die Buchseite und die entsprechende Aufgabennummer, auf die sich der Hefteintrag bezieht.
- Eine Überschrift, die dem Mathematikbuch entnommen oder an der Tafel vorgegeben wird, kennzeichnet die Art der Aufgaben. Die Überschrift wird mit Lineal und Farbstift in der Lieblingsfarbe unterstrichen und auf diese Weise hervorgehoben.
- Jede Ziffer und jedes Rechenzeichen wird in ein eigenes Kästchen geschrieben. Für zweistellige Zahlen sind demzufolge zwei Kästchen nötig.
- Zwischen zwei Zeilen wird eine Kästchenreihe freigelassen.
- Zwei nebeneinanderstehende Aufgaben („Rechenpäckchen“) werden durch drei leere Kästchen voneinander getrennt.
- Zwischen dem Ende des letzten Hefteintrags und dem Beginn des nächsten Hefteintrags werden drei Kästchenreihen freigelassen.
- Jede Seite wird vollgeschrieben. Es wird keine Seite herausgerissen, notfalls kann eine Seite mit einem Blatt überklebt werden.

Gemeinsame Korrektur der Hefteinträge

Das Vorlesen von Ergebnissen ist intensiv einzuüben. Die Kinder haken z. B. mit einem grünen Stift richtige Ergebnisse ab und setzen unter falsche Zahlen einen Punkt. Falsche Ergebnisse werden anschließend gemeinsam berichtigt. Währenddessen verzieren die Kinder, deren Aufgaben fehlerfrei waren, ihren Heftrand mit einem geometrischen Muster (evtl. Beispiele auf einem aushängenden Plakat vorgeben) oder malen unter die Aufgabe ein kleines farbiges Bild. Das spornt an und lässt das Mathematikheft zu einem ansprechenden, individuellen Heft werden, das nicht nur aus nüchternen Zahlen besteht.

Alternativ kann das Berichtigen falscher Ergebnisse auch zu Hause erfolgen, doch wird dieser Tätigkeit erfahrungsgemäß nicht die gewünschte Beachtung geschenkt, sodass es oft „vergessen“ wird.

Der Schultage-Kalender

Bereits vom ersten Schultag an können Sie bei den Kindern die Zeiterfahrung von Wochen und Monaten anschaulich fördern. Im zweiten Schuljahr ist das Feststellen von Zeitpunkten und die Ermittlung der Zeitdauer ein wichtiger Bestandteil des Lehrplans.

Beginnen Sie deshalb jeden Schultag mit einem Ritual: Die Kinder nennen den aktuellen Wochentag, das Datum sowie das Datum des vorangegangenen und des folgenden Tages. So wird die Sprechweise des Datums eingeübt.

Darüber hinaus wird die Anzahl der vergangenen Tage fortlaufend gezählt. Auf einen langen Papierstreifen (z. B. Tapete) wird für jeden vergangenen Tag ein farbiger Strich gezeichnet: z. B. ein blauer Strich für jeden Schultag und ein roter Strich für jeden schulfreien Tag (Wochenende, Feiertag, Ferien). Wie bei den aus dem ersten Schuljahr bereits bekannten Strichlisten wird der fünfte Tag immer durch einen Querstrich markiert. Jeweils zehn Tage werden anschließend eingekreist.

Schultage	(IIII IIII) IIII 10
schulfreie Tage	IIII

Auf diese Weise werden das Bündeln in Zehnereinheiten und der Aufbau des Hunderters durch tägliches Dazuzählen fortlaufend und ganz nebenbei geübt. Der 100. Schultag wird unter dem Motto „Rund um die 100" besonders gestaltet, z. B. mit einer Hunderter-Ausstellung und Lernstationen, an denen die Kinder ihren Fähigkeiten entsprechend rechnen.

Hinweise zu den Kopiervorlagen

Lerninhalte
- Formgetreues Schreiben der Ziffern
- Ordnen der Zahlen bis 20
- Bestimmen von Vorgänger und Nachfolger
- Vergleichen von Zahlen mit den Zeichen <, >
- Addieren und Subtrahieren bis 20 mit Zehnerübergang

KV Seite 11

Versteckte Zahlen

Anhand der Symbole entschlüsseln die Kinder die Bedeutung der kombinierten Zeichen und wiederholen dabei die Zahlen bis 20. Über bloßes Zahlenwissen hinaus sind hier auch Merkfähigkeit und Kombinationsgabe gefragt.

Bei der zweiten Aufgabe setzen die Kinder das begonnene Muster fort und trainieren dabei genaues und ausdauerndes Zeichnen. Da Linkshänder mit ihrer Schreibhand das am linken Rand vorgegebene Beispiel verdecken, ist es am rechten Rand nochmals vorgegeben. Zugleich erinnert es Rechtshänder daran, dass die Linien am Zeilenende genauso sorgfältig zu zeichnen sind wie am Zeilenbeginn. Die Kinder können das Muster auch farbig ausgestalten. Die Kennzeichen eines Musters, die sie bereits im ersten Schuljahr kennengelernt haben, sollten sie dabei beachten: Gleiche Linien und Formen wiederholen sich regelmäßig.

Lösung

Aufgabe 1:

2 + 2 + 2 = 6	10 + 3 = 13
3 + 4 = 7	10 + 10 = 20
4 + 2 = 6	3 + 2 + 2 = 7
3 + 2 = 5	10 + 3 + 4 = 17
5 + 2 = 7	5 + 4 + 2 = 11
10 + 2 = 12	10 + 5 + 4 = 19
5 + 3 = 8	2 + 2 + 2 + 2 + 2 = 10

Weiterführender Vorschlag

Die Kinder bilden aus den vorgegebenen Symbolen weitere Kombinationen und stellen fest, welche Zahlen damit dargestellt werden. Alternativ können sie zu einer bestimmten Zahl möglichst viele Darstellungsformen finden.

KV Seite 12

Schöne Ziffern

Um die Kinder an die formgerechte Schreibweise der Ziffern zu erinnern, empfiehlt sich zur Wiederholung ein kurzer Schreibkurs. Weisen Sie auch darauf hin, dass eine richtige und ordentliche Schreibweise das Lesen erleichtert und Fehler vermeiden hilft.

Dabei sollte auf die Besonderheiten der einzelnen Ziffern nochmals eingegangen werden:
- Bei den Ziffern 1, 4 und 7 ist jeweils oben zu beginnen und auf eine exakte Eckenbildung zu achten.
- Zur Vorübung der Ziffern 0, 6, 8 und 9 schreiben die Kinder das Linksoval großformatig, zur Vorübung der Ziffer 3 das Rechtsoval.
- Die Ziffern 2 und 5 setzen sich aus Rechtsoval und geraden Strichen (Eckenbildung!) zusammen.

Die Ziffer 3 wird häufig seitenverkehrt geschrieben. Auch bei den Ziffern 1, 2, 5 und 6 kommt das manchmal vor. Hier sind langfristig zunächst groß- und später kleinformatige Übungen hilfreich.

Diese Kopiervorlage kann bei Bedarf im Laufe der zweiten Jahrgangsstufe wiederholt zum Einsatz kommen, wenn einzelne Kinder die Ziffernformen fehlerhaft oder schwer lesbar schreiben. Markieren Sie dafür die individuell zu übenden Ziffern.

Zur Erinnerung: So wie Wörter aus Buchstaben bestehen, bilden einzelne Ziffern Zahlen. Eine Zahl kann aus einer Ziffer bestehen (einstellige Zahlen 1–9), aus zwei Ziffern (10–99) oder aus noch mehr Ziffern (100, 1000 ...).

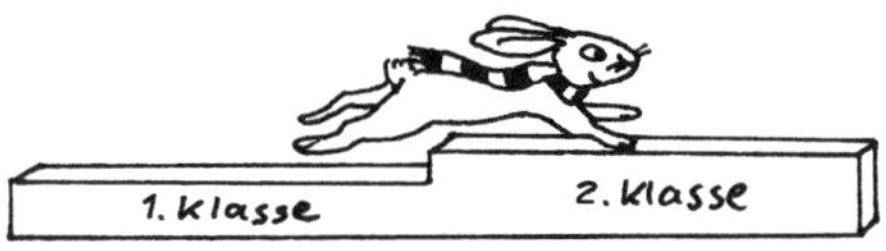

KV Seite 13

Die Zahlen bis 20

Als Vorarbeit für diese Kopiervorlage erhält jedes Kind eine Karte mit einer Zahl von 1 bis 20, die es mit einer Wäscheklammer vorne an seiner Kleidung befestigt. Sind in Ihrer Klasse mehr als 20 Kinder, so können Sie auch weitere Zahlenkarten verteilen. Die Kinder stellen sich dann ihrer Karte entsprechend in einer Reihe auf. Nun üben sie die Begriffe „Vorgänger“ und „Nachfolger“ ein, z. B.: „Vor mir steht Lukas mit der Zahl 11. Nach mir steht Anja mit der Zahl 13.“

Wenn alle Kinder ihre beiden Nachbarn beschrieben haben, bestimmen Sie die Reihenfolge, in der sie auf ihre Sitzplätze zurückkehren: „Der Nachfolger von 15.“ – „Der Vorgänger von 20.“ – …

Im Anschluss daran bearbeiten die Schüler die Kopiervorlage, bei der der Schwerpunkt auf der Bestimmung der Vorgänger und Nachfolger liegt. Die abgebildete Zwanzigerkette ist zur besseren Übersicht in Fünfer unterteilt. Kinder mit Lernproblemen können die Zahlenkette weiterhin als Rechenhilfe einsetzen.

Lösung

Aufgabe 2:

V		N
2	3	4
12	13	14
13	14	15

V		N
5	6	7
15	16	17
16	17	18

V		N
8	9	10
18	19	20
10	11	12

Aufgabe 3:

17 < 18 < 19 < 20
1 < 2 < 3 < 4
12 < 13 < 14 < 15
14 < 15 < 16 < 17

KV Seite 14

Rechnen mit dem Rechenstrich

Die Zahlenreihe wird nun von der Zwanzigerkette zum Rechenstrich abstrahiert, an dem das Rechnen in zwei Schritten gut dargestellt werden kann. Damit der Rechenstrich sowohl für die Addition als auch für die Subtraktion einsetzbar ist, wird die Zahlzerlegung ohne Operationszeichen eingetragen. Den Kindern hilft der Hinweis, dass bei Minusaufgaben die größte Zahl stets vorne stehen muss.

Lösung

8 + 5 = 13	8 + 2 + 3 = 13	13 – 3 – 2 = 8
7 + 4 = 11	7 + 3 + 1 = 11	11 – 1 – 3 = 7
9 + 6 = 15	9 + 1 + 5 = 15	15 – 5 – 1 = 9
6 + 8 = 14	6 + 4 + 4 = 14	14 – 4 – 4 = 6

Weiterführender Vorschlag

Zum Sichern der Aufgaben bis 20 eignet sich das Spiel „Mein rechter, rechter Platz ist frei“. Dafür erhält jedes Kind eine Karte mit einer anderen Aufgabe ohne Ergebnis, z. B. 9 + 3, 12 – 5 …, die es gut sichtbar hochhält. Für das Spiel können entweder nur Plus- oder nur Minusaufgaben verwendet werden, oder alle Karten werden vermischt.

Die Kinder bilden auf Teppichfliesen oder Stühlen einen Sitzkreis, in dem ein Platz überzählig ist. Setzen Sie sich zur Einführung so in den Kreis, dass der rechte Platz neben Ihnen leer ist, und geben Sie folgendes Sprechmuster vor: „Mein rechter, rechter Platz ist frei, ich wünsche mir 12 – 5 = 7 herbei.“ Das Kind mit der Karte „12 – 5“ wechselt auf den freien Platz. Das Kind, das nun links des frei gewordenen Platzes sitzt, fährt fort. Damit nicht mehrmals die gleichen Kinder „herbeigewünscht“ werden, geben die Kinder beim Platzwechsel ihre Karte ab.

Karten zum Vergrößern:

9 + 3	9 + 4	9 + 6	9 + 8	9 + 9
8 + 4	8 + 5	8 + 6	8 + 7	8 + 8
7+ 4	7 + 5	7 + 6	7 + 7	7 + 9
6 + 5	6 + 6	6 + 7	6 + 8	6 + 9
5 + 6	5 + 7	5 + 8	5 + 9	4 + 7
4 + 8	4 + 9	3 + 8	3 + 9	2 + 9

11 – 4	11 – 5	11 – 6	11 – 7	11 – 8
12 – 3	12 – 4	12 – 5	12 – 6	12 – 7
13 – 4	13 – 5	13 – 6	13 – 7	13 – 8
14 – 5	14 – 6	14 – 7	14 – 8	14 – 9
15 – 6	15 – 7	15 – 8	15 – 9	16 – 7
16 – 8	16 – 9	17 – 8	17 – 9	18 – 9

Zauberdreiecke

KV Seite 15

Diese Übungsform eignet sich zum Sichern der Addition, der Subtraktion und des Ergänzens. Zeigen Sie schrittweise an einem groß gezeichneten Dreieck an der Tafel die Lösungsschritte: Immer drei Zahlen in einer Reihe sollen die vorgegebene Zahl ergeben.

Lösung

1.

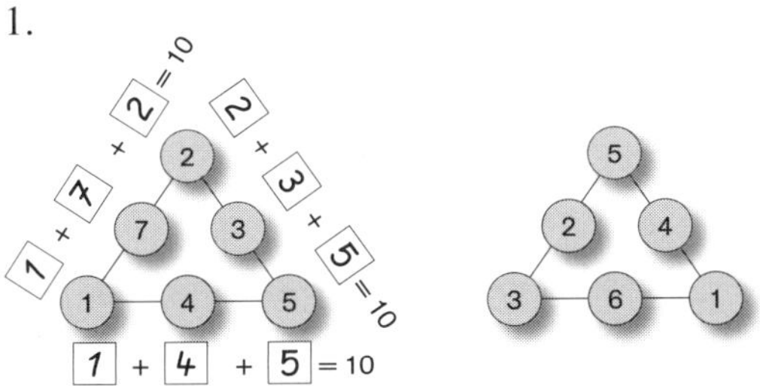

2.

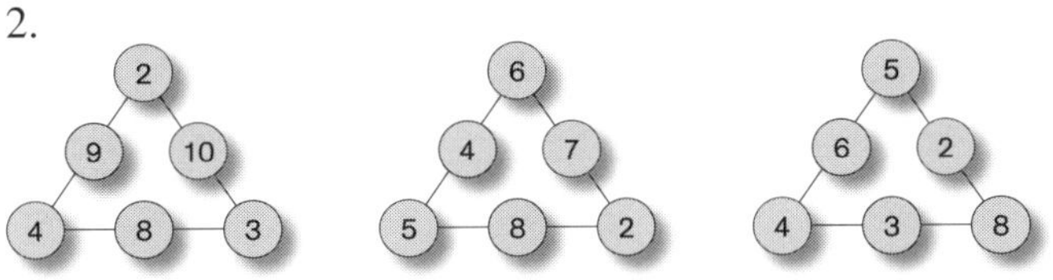

3.

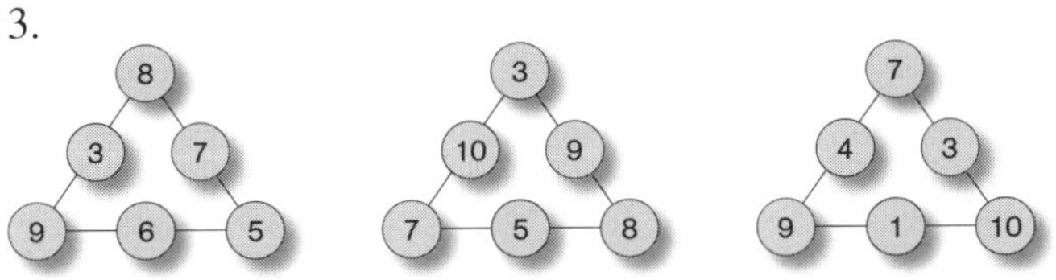

> **Lerninhalte**
> - Kennenlernen der Zahlen bis 30
> - Addieren und Subtrahieren bis 30 durch Anwenden dekadischer Analogien

Die Zahlen von 20 bis 30

KV Seite 16

Lassen Sie die Schüler zunächst die Zahlenreihe über 20 hinaus mündlich und auch schriftlich an der Tafel fortsetzen. Nach diesen Versuchen setzt die systematische Arbeit mit der Kopiervorlage ein. Durch Weiterzählen lernen die Kinder die aus dem Alltag meist schon bekannten Zahlen bis 30 kennen. Die Zehnerbündelung in Zehner und Einer wird bildlich dargestellt. Auch hier sollte auf die unterschiedliche Sprech- und Schreibweise aufmerksam gemacht werden: „Wir sprechen zuerst die Einer, dann die Zehner. Wir schreiben jedoch zuerst die Zehner und dann die Einer." Achten Sie konsequent darauf, dass die Kinder die Zahlen von links nach rechts, also zuerst die Zehner und dann die Einer, schreiben.

Weiterführende Vorschläge

- Die Schüler stellen die Zahlen von 20 bis 30 mit ihrem Arbeitsmaterial dar und sprechen dazu: „Für 21 nehme ich zwei Zehnerstäbe und einen Einer. Für 22 …"
- Die Kinder zählen vorwärts und rückwärts bis 30: Während das Vorwärtszählen oft mechanisch erfolgt, ist beim Rückwärtszählen die bewusste Konzentration auf die Zahlen erforderlich. Nennen Sie auch eine beliebige Zahl, von der aus die Kinder vor- oder rückwärts zählen sollen.

Rechnen bis 30
Verwandte Aufgaben bis 30

KV Seite 17/18

Anhand der Analogiereihen erkennen die Schüler, dass das Rechnen im dritten Zehner wie im ersten und im zweiten Zehner funktioniert. Auch die Addition mit Zehnerübergang entspricht dem bereits bekannten Verfahren: Ergänzen zum nächsten Zehner, den Rest dazuzählen.

Die Kinder wiederholen, wie aus einer Aufgabe mithilfe der Tauschaufgabe und den beiden Umkehraufgaben „Aufgabenfamilien" erstellt werden. Sie stellen fest, dass auf diese Weise von einer Rechnung drei weitere Rechnungen abgeleitet werden können, ohne dass diese neu berechnet werden müssen. Damit steigern die Schüler sowohl ihre Einsicht in operative Zusammenhänge als auch ihre Rechenfertigkeit.

Die zweite Aufgabe auf Seite 18 dient der Differenzierung: Die Schüler finden jeweils drei zusammengehörende Zahlen („Zahlentripel"), die zu Aufgaben verbunden werden können. Daraus bilden sie dann Aufgabenfamilien, z. B.: 25 – 7 = 18; 18 + 7 = 25; 7 + 18 = 25; 25 – 18 = 7

Lösung Seite 17

Aufgabe 2:

15 + 8 = 23	17 + 5 = 22	19 + 7 = 26
16 + 6 = 22	14 + 7 = 21	18 + 6 = 24

Lösung Seite 18

Aufgabe 1:

U	Aufgabe	T	U
25 – 9 = 16	16 + 9 = 25	9 + 16 = 25	25 – 16 = 9
22 – 8 = 14	14 + 8 = 22	8 + 14 = 22	22 – 14 = 8
24 – 9 = 15	15 + 9 = 24	9 + 15 = 24	24 – 15 = 9
27 – 8 = 19	19 + 8 = 27	8 + 19 = 27	27 – 19 = 8
21 – 6 = 15	15 + 6 = 21	6 + 15 = 21	21 – 15 = 6
22 – 3 = 19	19 + 3 = 22	3 + 19 = 22	22 – 19 = 3

Aufgabe 2:

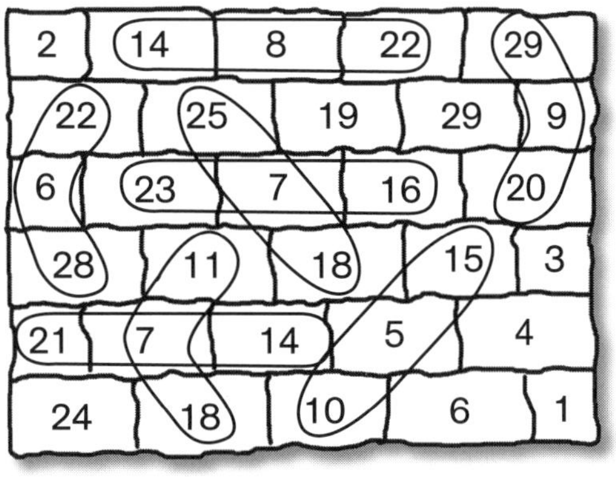

25 – 7 = 18   28 – 6 = 22
29 – 9 = 20   15 – 5 = 10
22 – 8 = 14   18 – 7 = 11
23 – 7 = 16   21 – 7 = 14

Weiterführende Vorschläge

- Zur Vertiefung der Aufgabenfamilien können Sie den Unterricht mit einem Bewegungsspiel auflockern. Schreiben Sie dafür die Rechnungen von Seite 18, Aufgabe 1 ohne Ergebnis auf kleine Karten, z. B. 25 – 9; 16 + 9; 9 + 16; 25 – 16. Jedes Kind erhält nun eine Karte, die es mit einer Wäscheklammer gut sichtbar vorne an seiner Kleidung befestigt. Die Kinder laufen dann zu Instrumentalmusik im Klassenzimmer herum, suchen ihre drei Partner und tanzen mit ihnen so lange, bis alle ihre Partner gefunden haben. Dieses unkomplizierte und bei den Kindern beliebte Spiel lässt sich bei allen Suchaufgaben durchführen, bei denen Paare, Terzette oder wie hier Quartette zu bilden sind.
- Die Kopiervorlagen auf den Seiten 106 bis 108, die schrittweise in die Arbeit mit Sachsituationen und das Lösen von Sachaufgaben einführen, können im Anschluss an die Behandlung des Zahlenraums bis 30 eingesetzt werden.

Lerninhalt

- Benennen von Flächenformen und Beschreiben ihrer Eigenschaften

KV Seite 19

Dominospiel mit Flächenformen

Die aus dem ersten Schuljahr bereits bekannten Flächenformen Viereck, Dreieck und Kreis werden mithilfe des Dominospiels wiederholt und weiter ausdifferenziert. In einem vorbereitenden Unterrichtsgespräch sollten die Eigenschaften aller Formen genau betrachtet werden. Als grundlegende Kennzeichen gelten jeweils die Anzahl der Ecken und die Anzahl der geraden Seiten. Weitere Unterscheidungsmerkmale sind die Anzahl gleich langer Seiten und die Anzahl rechter Winkel („gerader Ecken"). Gegebenenfalls können auch die Dreiecke nach der Länge ihrer Seiten unterschieden werden: allgemeines Dreieck, gleichschenkliges Dreieck (zwei gleich lange Seiten), gleichseitiges Dreieck (drei gleich lange Seiten).

Die folgende Übersicht gibt die Zusammenhänge zwischen den einzelnen Vierecken wieder:

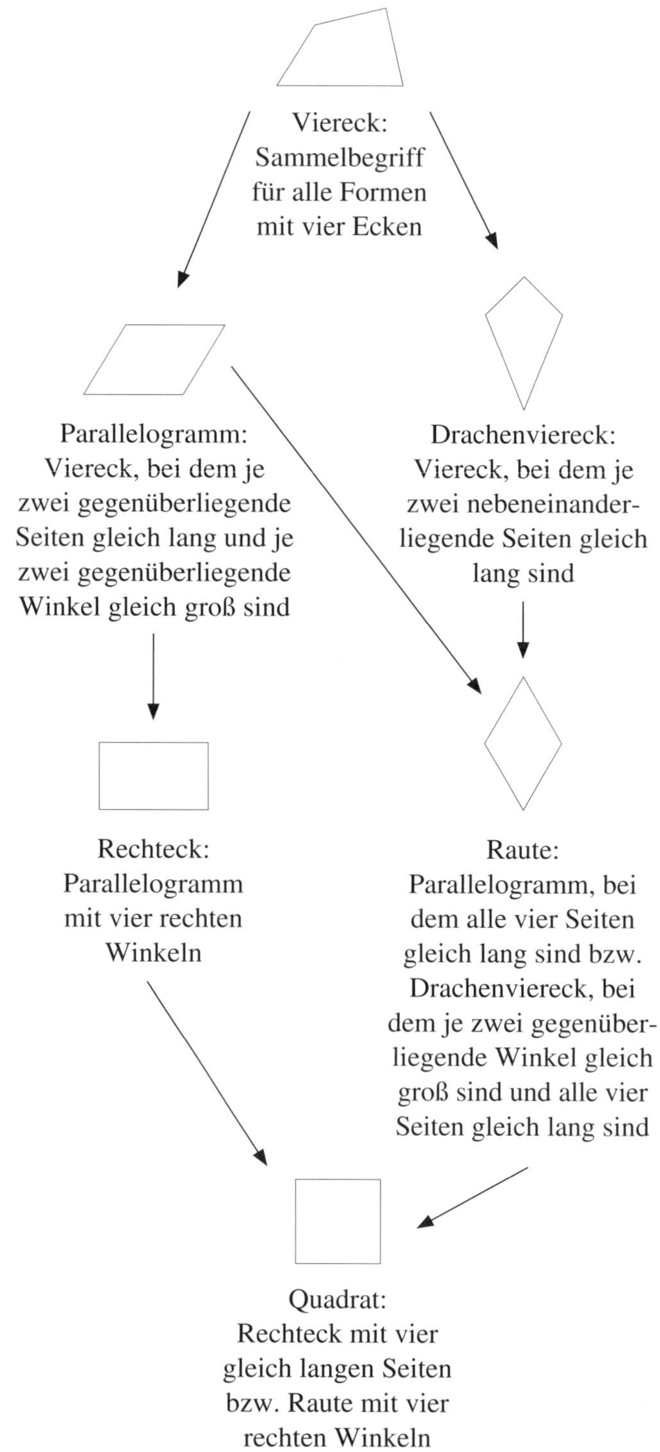

Name:

Versteckte Zahlen

Jede Form steht für eine Zahl.
Das Schild des Hasen hilft dir.

1. Schreibe die Zahlen in die Formen. Zähle zusammen.

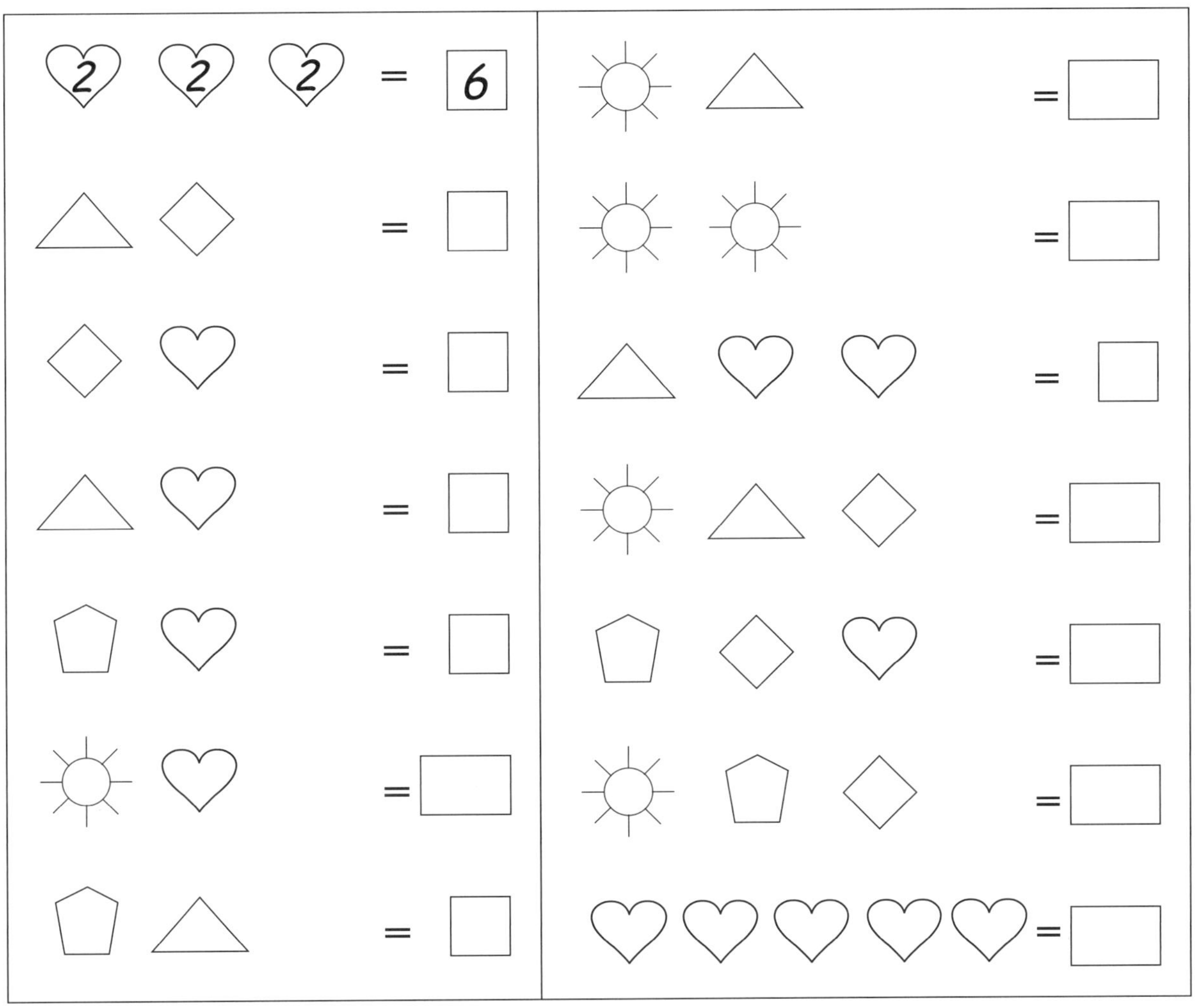

2. Zeichne das Muster weiter. Male aus.

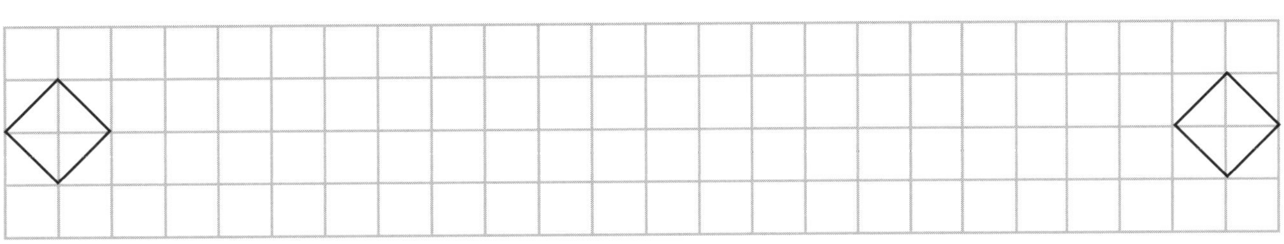

Name:

Schöne Ziffern

Schreibe ordentlich, damit ich die Zahlen gut lesen kann.

Schreibe mit deiner schönsten Schrift.

1	1	1		1	1
4	4	4		4	4
7	7	7		7	7
0	0	0		0	0
3	3	3		3	3
6	6	6		6	6
9	9	9		9	9
8	8	8		8	8
2	2	2		2	2
5	5	5		5	5

Name:

Die Zahlen bis 20

10 − 1 = 9
Die kleine Nachbarzahl ist der Vorgänger.

⑨ ⑩ ⑪

9 < **10** < 11

10 + 1 = 11
Die große Nachbarzahl ist der Nachfolger.

1. Verbinde die Sprechblasen mit den richtigen Perlen.

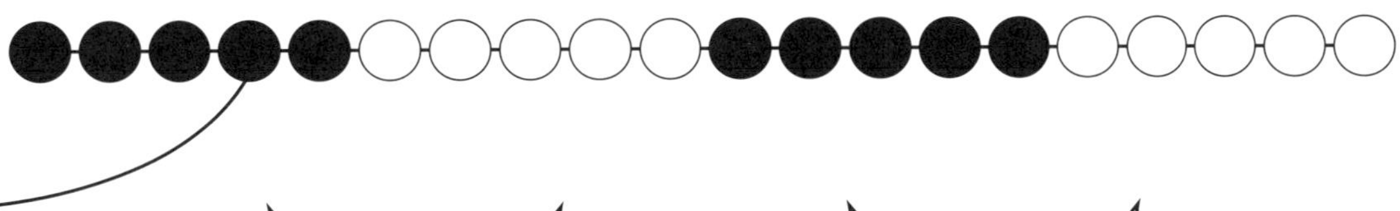

Ich bin vor der 5. Ich bin der Vorgänger von 5.

Ich bin nach der 7. Ich bin der Nachfolger von 7.

Ich bin nach der 10. Ich bin der Nachfolger von 10.

Ich bin vor der 20. Ich bin der Vorgänger von 20.

Ich bin vor der 15. Ich bin der Vorgänger von 15.

Ich bin nach der 16. Ich bin der Nachfolger von 16.

2. Schreibe den Vorgänger und den Nachfolger zu jeder Zahl auf.

V		N
	3	
	13	
	14	

V		N
	6	
	16	
	17	

V		N
	9	
	19	
	11	

3. Zahlenrätsel

Welche Zahlen bis 20 sind größer als 17? 17 < ☐ < ☐ < 20

Welche Zahlen sind kleiner als 4? ☐ < ☐ < ☐ < 4

Welche Zahlen sind größer als 12 und kleiner als 15? 12 < ☐ < ☐ < 15

Welche Zahlen sind kleiner als 17 und größer als 14? 14 < ☐ < ☐ < 17

Name:

Rechnen mit dem Rechenstrich

Ich kann am besten rechnen: 8 + 5 = 14

Nicht so schnell. Schau's dir doch am Rechenstrich an!

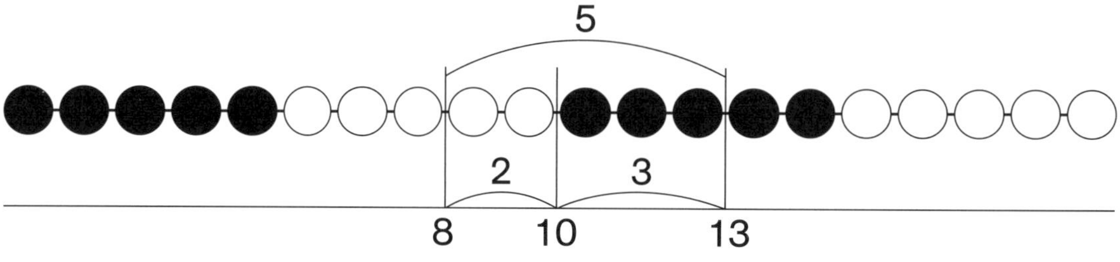

8 + 2 + 3 = 13

10

Immer vor und wieder zurück.
Zeichne die Schritte an den Rechenstrich. Rechne.

8 + 5 = ☐ (2, 3; 8, 10, 13)

8 + 2 + 3 = 13 | 13 − 3 − 2 = 8

7 + 4 = ☐ (7)

7 + 3 + ☐ = ☐ | ☐ − ☐ − 3 = 7

9 + 6 = ☐ (9)

9 + ☐ + ☐ = ☐ | ☐ − ☐ − ☐ = 9

6 + 8 = ☐ (6)

☐ + ☐ + ☐ = ☐ | ☐ − ☐ − ☐ = ☐

Name:

Zauberdreiecke

Zähle die drei Zahlen an jeder Seite zusammen.
Der Igel verrät dir das Ergebnis.

1.

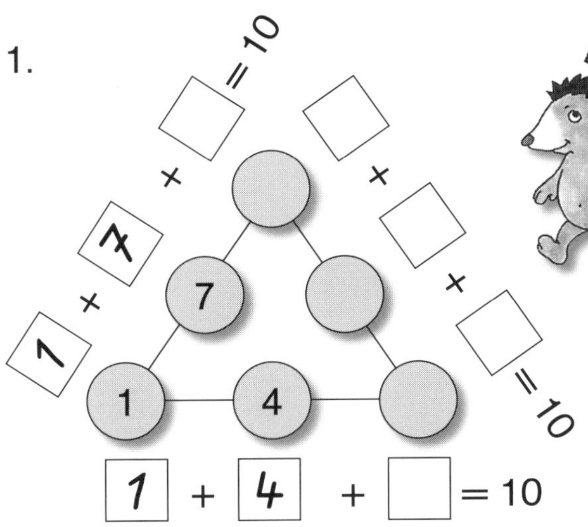

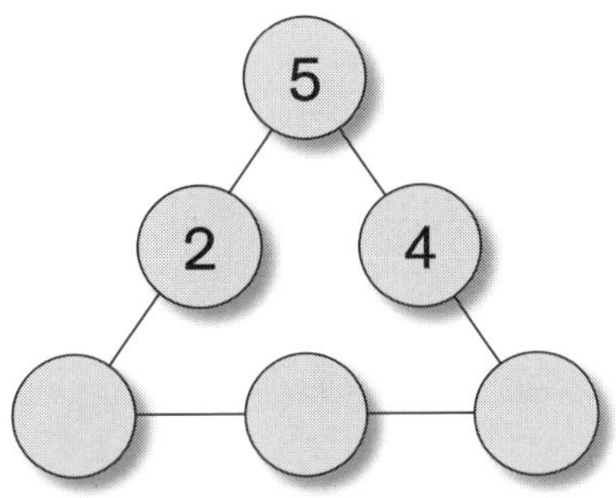

2.

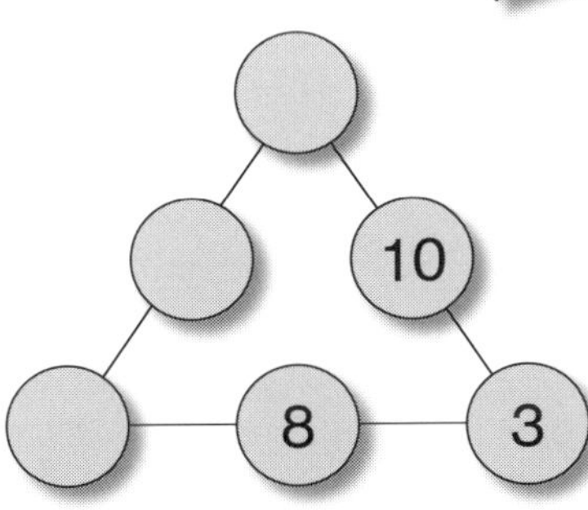

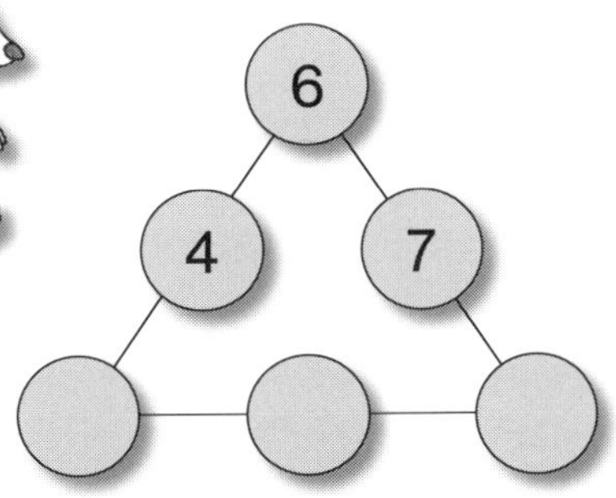

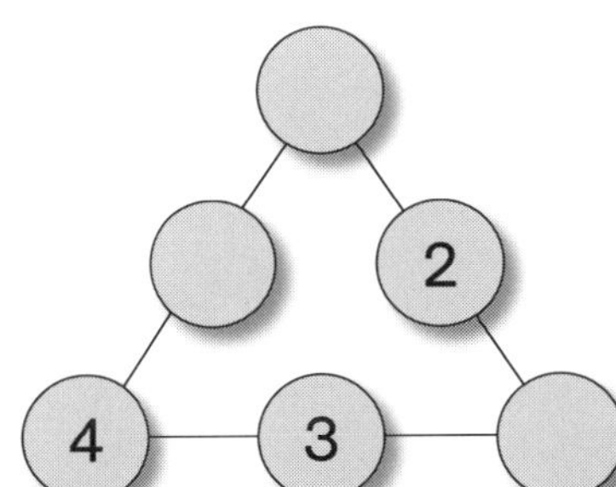

3.

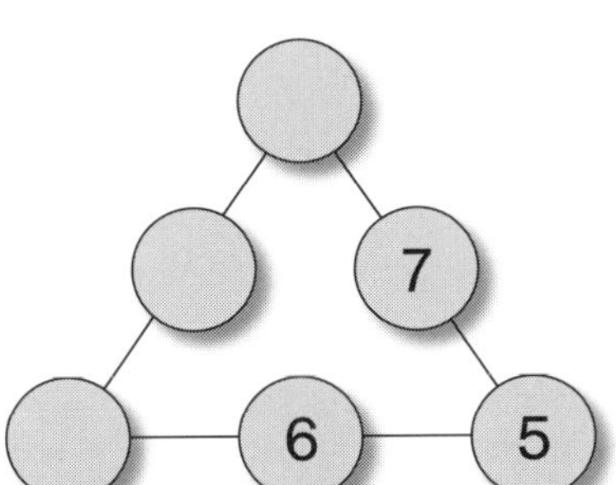

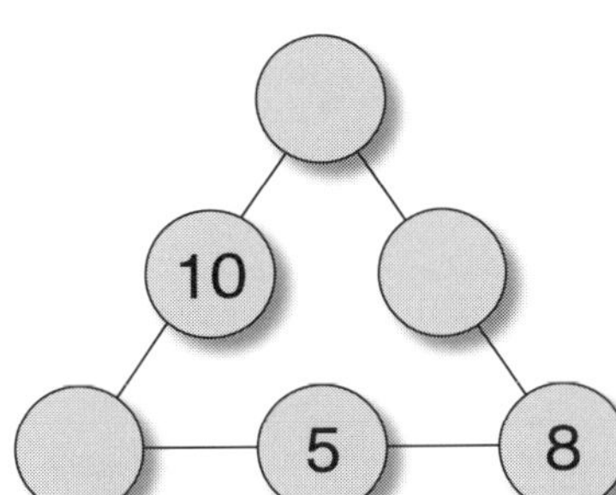

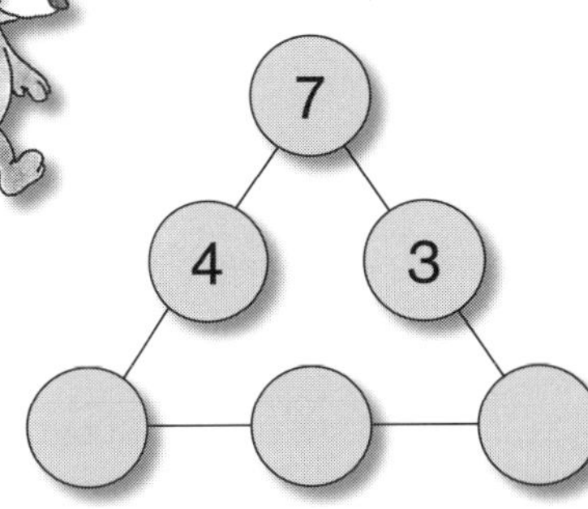

Name:

Die Zahlen von 20 bis 30

Zähle mit dem Igel bis 30 und ergänze.

□□□□□ □□□□□ □ □□□□□ □□□□□	2 0 + 1 = 2 1	ein - undzwanzig
□□□□□ □□□□□ □□ □□□□□ □□□□□		______ - undzwanzig
□□□□□ □□□□□ □□□ □□□□□ □□□□□		______ - undzwanzig
□□□□□ □□□□□ □□□□ □□□□□ □□□□□		______ - undzwanzig
□□□□□ □□□□□ □□□□□ □□□□□ □□□□□		______ - undzwanzig
□□□□□ □□□□□ □□□□□ □□□□□ □□□□□ □		______ - undzwanzig
□□□□□ □□□□□ □□□□□ □□□□□ □□□□□ □□		______ - undzwanzig
□□□□□ □□□□□ □□□□□ □□□□□ □□□□□ □□□		______ - undzwanzig
□□□□□ □□□□□ □□□□□ □□□□□ □□□□□ □□□□		______ - undzwanzig
□□□□□ □□□□□ □□□□□ □□□□□ □□□□□ □□□□□	2 0 + 1 0 =	dreißig

Name:

Rechnen bis 30

1. Schreibe die großen Aufgaben dazu und rechne.

0 + 5 =
10 + 5 =
20 + 5 =

5 + 3 =

9 − 4 =
19 − 4 =
29 − 4 =

7 − 6 =

10 − 7 =

2. Rechne am Rechenstrich.

15 + 8 = ☐

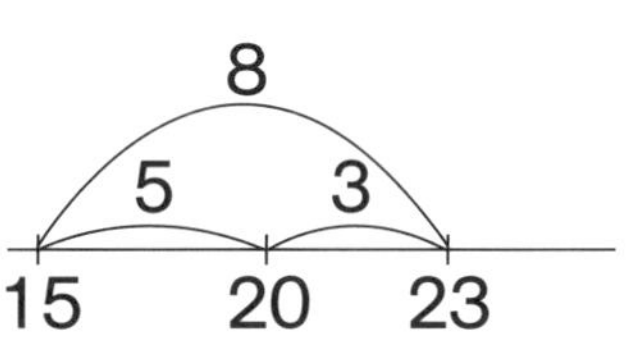

17 + 5 = ☐

19 + 7 = ☐

16 + 6 = ☐

14 + 7 = ☐

18 + 6 = ☐

3. Zeichne das Muster weiter. Male aus.

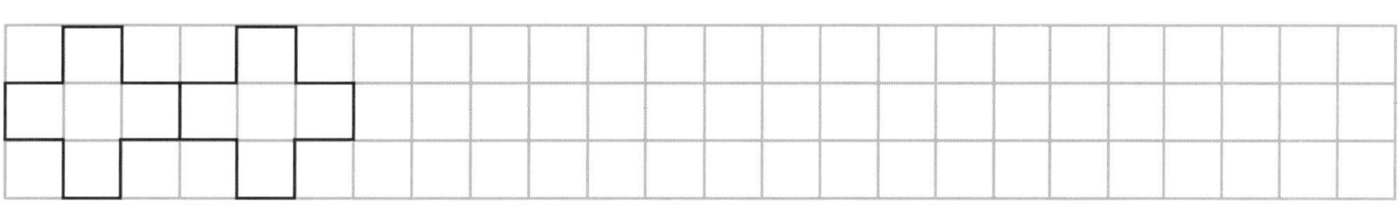

Name:

Verwandte Aufgaben bis 30

Immer vier Aufgaben gehören zu einer Aufgabenfamilie.

	18 + 7 = ☐	Umkehraufgabe ☐ – 7 = 18
Tauschaufgabe	7 + 18 = ☐	Umkehraufgabe ☐ – 18 = 7

1. Schreibe die fehlenden Aufgaben auf.

U	Aufgabe	T	U
☐ – 9 = 16	16 + 9 = ☐	9 + 16 = ☐	☐ – 16 = 9
	14 + 8 = ☐		
	15 + 9 = ☐		
		8 + 19 = ☐	
		6 + 15 = ☐	
		3 + 19 = ☐	

2. Finde acht Minusaufgaben. Kreise sie ein und schreibe sie auf.

2	14	8	22	29
22	25	19	29	9
6	23	7	16	20
28	11	18	15	3
21	7	14	5	4
24	18	10	6	1

2 5 – 7 =

Dominospiel mit Flächenformen

✂

 Wie heißen diese Flächenformen?	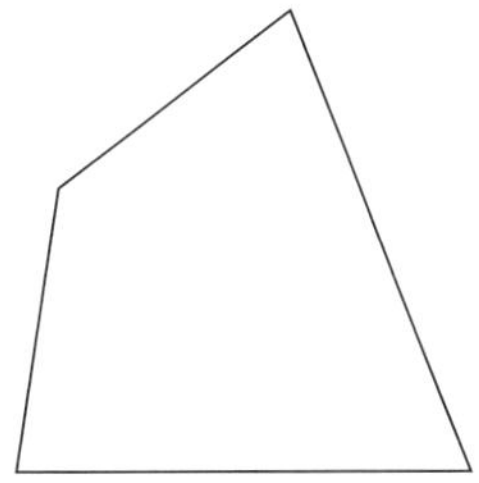	Drachenviereck	
Sechseck	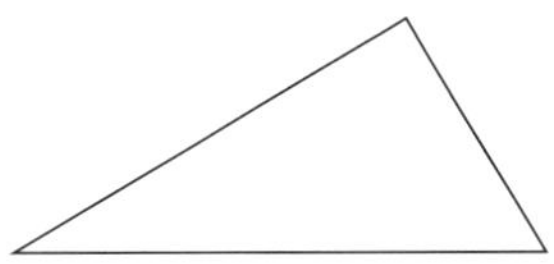	Rechteck	
Kreis	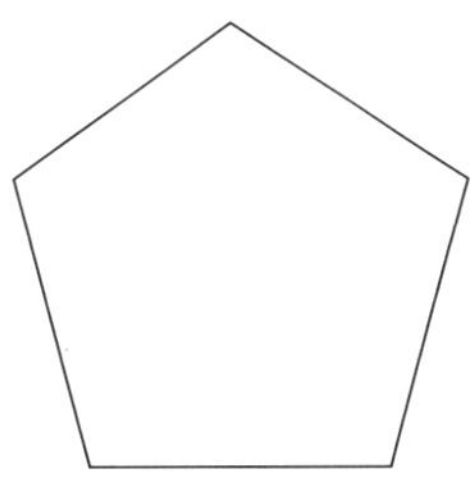	Raute	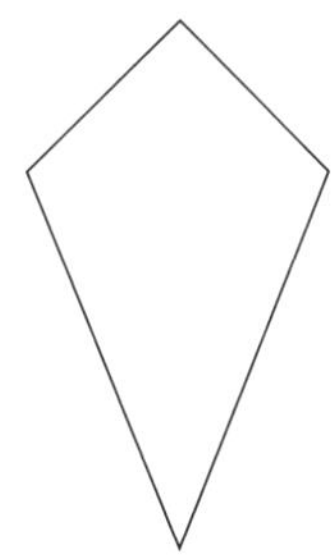
Quadrat	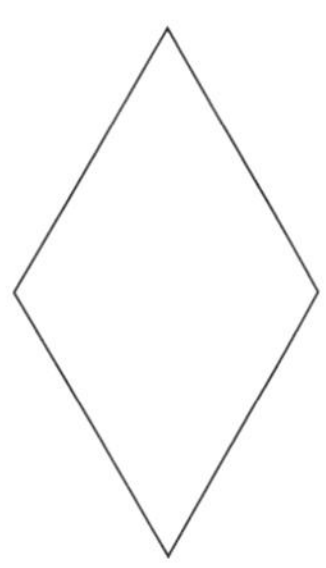	Fünfeck	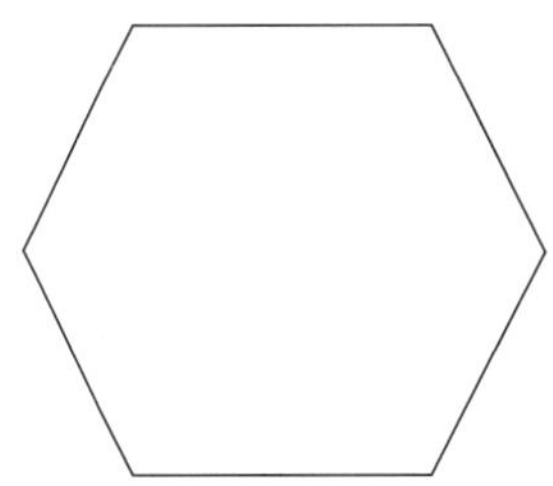
Viereck		Dreieck	

2. Kapitel: Die Zahlen bis 100

Vorbemerkung

Das Prinzip des dekadischen Bündelns, bei dem jeweils zehn Einer zu einem Zehner zusammengefasst werden, ist den Kindern bereits aus der ersten Jahrgangsstufe bekannt. Deshalb wird zunächst die Grobstruktur des Hunderters erschlossen, indem die Kinder die Zehnerzahlen als „Ankerzahlen“ im neuen Zahlenraum kennenlernen. Im Anschluss daran werden die Zehnerbündelung und die Schreibweise der Stellenwerte bei großen Anzahlen vorgestellt. Damit vor allem Kinder mit Lernproblemen den Hunderter sicher erfassen, wird jedes Zehnerintervall dann nochmals gesondert betrachtet. Dabei „wächst“ das Anschauungsmaterial allmählich zur vollständigen Hundertertafel und die Schüler lernen Schritt für Schritt sich darin zurechtzufinden. Schließlich wird der Rechenstrich als abstrakte Veranschaulichungs- und Rechenhilfe vorgestellt.

Hinweise zu den Kopiervorlagen

Lerninhalte

- Kennenlernen der Zehnerzahlen
- Addieren und Subtrahieren mit Zehnerzahlen in Analogie zu den Einern

KV Seite 26

Zehnerzahlen bis 100

Als Vorbereitung für diese Kopiervorlage empfiehlt sich das gemeinsame Anfertigen einer Hunderterkette für das Klassenzimmer, z. B. mit großen farbigen Kugeln (siehe „Weiterführende Vorschläge“). Den Schritt von der linearen Hunderterkette zum Flächenmodell des Hunderters sollten die Kinder konkret nachvollziehen, indem sie die Kugeln der Hunderterkette zehnerweise untereinanderlegen. Auf diese Weise wird deutlich: Eine Reihe hat zehn Kugeln, d. h. eine Reihe entspricht einem Zehner, abgekürzt 1 Z. Zusätzlich zur Schreibweise der Zehnerzahlen in Ziffern lernen die Schüler die entsprechenden Zahlwörter kennen. Bei der ersten Aufgabe zählen die Kinder jeweils zehn Kastanien ab und tragen die entsprechende Zahl in das Fähnchen ein. Bei der zweiten Aufgabe schreiben sie die Zahlen und Zahlwörter neben das Hunderterfeld. Dabei verinnerlichen sie die Zehnerstruktur und üben die richtige Schreibweise.

Im Anschluss an die Bearbeitung der Kopiervorlage führen die Kinder folgende Übungen durch:

An der Hunderterkette:

- Zähle in Zehner-/Zwanzigerschritten vor- und rückwärts.
- Wie heißen die Zahlen vor/nach dem Ast?
- Welche Zahlen außer den Zehnerzahlen zwischen 30 und 100 kennst du schon? Wo sind sie an der Hunderterkette?

Am Hunderterfeld:

- Decke mit einem Blatt Papier jeweils eine Reihe/zwei Reihen mehr auf und zähle dabei: 10, 20 … /20, 40 …
- Zähle in Zehnerschritten von 100 rückwärts und decke dabei jeweils eine Reihe mehr ab: 100, 90 …
- Zeige die folgenden Zahlen, indem du die überzähligen Reihen mit einem Blatt abdeckst: 3 Z (= 3 Reihen aufdecken), 7 Z , 4 Z …

Weiterführende Vorschläge

- Stellen Sie als Demonstrationsmaterial des Zahlenraums bis 100 gemeinsam mit den Kindern sowohl eine Hunderterkette als auch ein Hunderterfeld her. Achten Sie bei beiden Veranschaulichungsarten auf eine klare Strukturierung, die eine schnelle Orientierung ermöglicht: Bei der linearen Darstellung als Kette sollte nach jeweils zehn Kugeln die Kugelfarbe wechseln und z. B. eine Wäscheklammer den vollen Zehner abschließen. Zusätzlich wird nach jeweils fünf Kugeln ein Knoten eingefügt, der die Fünferstruktur verdeutlicht. Bei der flächigen Darstellung des Hunderters als Feld ist jeweils nach fünf Reihen und fünf Spalten ein etwas dickerer Trennungsstrich einzufügen, sodass vier gleich große Felder entstehen. Sowohl die Kugeln der Kette als auch die Kästchen des Feldes sollten nicht mit Zahlen beschriftet sein, damit die Kinder immer wieder aufs Neue die Kugeln bzw. Felder benennen bzw. die Zahlen den Kugeln oder Feldern zuordnen können.
- Für Kinder mit Lernschwierigkeiten kann eine Schreibunterlage als Hilfe angefertigt werden: Auf ein einfarbiges DIN-A4-Blatt wird eine Hundertertafel aufgeklebt und laminiert, die so als langfristige Orientierungshilfe dient. Für den Deutschunterricht kann analog ein zweites Blatt mit dem vollständigen Alphabet in Schreibschrift angefertigt werden. Die beiden Hälften werden nun mit einem Textilband zum Format DIN A3 verbunden. So können sie gefaltet in der Schultasche transportiert werden. Zugleich kann die Schreibunterlage bei Lernzielkontrollen als Trennwand zwischen zwei Schülern aufgestellt werden.

KV Seite 27

Rechnen mit Zehnerzahlen

Das Hunderterfeld veranschaulicht das Rechnen mit Zehnerzahlen und zeigt die Analogie zwischen Zehnern und Einern auf:

3 Reihen + 2 Reihen = 5 Reihen
3 Zehner + 2 Zehner = 5 Zehner
3 Z + 2 Z = 5 Z
30 + 20 = 50

Die Zehner werden somit wie eine Einheit beim Rechnen mit Größen behandelt, z. B. € bei Geld. Die Kinder sollten die Aufgaben an ihrem Hunderterfeld durch Abdecken mit einem Blatt zeigen.

Beim Kopfrechnen können Sie auch Aufgaben mit wechselndem Platzhalter stellen, damit sich die Kinder die einfachen Aufgaben einprägen, z. B.:

60 + 20 = □ 60 + □ = 80 □ + 20 = 80
80 – 60 = □ 80 – □ = 20 □ – 60 = 20

Lösung

Aufgabe 1:

100 = 50 + 50 100 = 30 + 70 100 = 60 + 40

Aufgabe 2:

4 + 3 = 7 7 + 2 = 9 8 + 1 = 9
40 + 30 = 70 70 + 20 = 90 80 + 10 = 90

Aufgabe 3:

8 – 3 = 5 9 – 6 = 3 7 – 5 = 2
80 – 30 = 50 90 – 60 = 30 70 – 50 = 20

Lerninhalte

- Bestimmen von Anzahlen bis 100 durch dekadisches Bündeln
- Notieren der Bündelergebnisse in einer Stellenwerttafel

KV Seite 28

Bündeln und zählen

Bündeln meint das Gliedern einer unüberschaubaren Menge in kleinere Teilmengen gleicher Größe, um so die Anzahl der Menge bestimmen zu können. In unserem dekadischen Zahlensystem werden dabei jeweils zehn Dinge zu einem Zehnerbündel zusammengefasst. Die Anzahl der erhaltenen Zehnerbündel und die verbleibenden einzelnen Dinge werden in einer Stellentafel oder als Zerlegaufgabe notiert: 4 Z 6 E = 40 + 6. Die Zehnerbündel lassen sich auch durch eine höhere Einheit darstellen, beim Geld z. B. als 10-Cent-Münze oder 10-Euro-Schein, beim Arbeitsmaterial durch einen Zehnerstab und analog beim Zeichnen durch einen Zehnerstrich.

Als Vorarbeit für diese Kopiervorlage sollten die Kinder vielfältige Möglichkeiten erhalten, handelndes Bündeln von konkretem Material in Zehnereinheiten zu üben. Im Klassenunterricht oder in Partner- bzw. Gruppenarbeit können beispielsweise folgende Dinge in Einheiten von je zehn Stück gebündelt werden: Farbstifte mit einem Gummiband, Bücher aus der Leseecke auf einen Stapel, Büroklammern zu Ketten zusammenstecken (Feinmotorikschulung!), Nüsse oder Knöpfe in einen Gummiring oder auf ein Notizblockblatt legen. Auch die Kinder der Klasse können in Zehnerreihen „gebündelt" werden. Dabei sollten die Kinder ihre Handlung immer versprachlichen, z. B. „Ich habe 5 Zehnerbündel und 3 Einzelne. Zusammen sind es 53."

Die Hinführung zum Zahlenraum bis 100 kann auch mithilfe von Rechengeld und unter Verwendung der Kopiervorlagen „Münzen bis 100 Cent" (Seite 120) bzw. „Scheine bis 100 Euro" (Seite 123) erfolgen.

Im oberen Teil der Kopiervorlage ist eine Bündelung als Beispiel dargestellt. Zugleich wird auf das Problem der sogenannten Verwechslungszahlen hingewiesen: Die Stellung einer Ziffer in der Stellenwerttafel bestimmt den Zahlwert: 4 Z = 40, 4 E = 4.

Nach dem Erfassen des Beispiels führen die Schüler selbst eine grafische Bündelung durch. Da sich die Anzahl 10 nicht auf einen Blick erfassen lässt, können die Kinder zuerst je fünf Elemente verbinden und dann zwei Fünfer zu einem Zehner zusammenfassen.

Lösung

Es sind 54 schwarze Punkte und 45 weiße Punkte.
50 > 40, also ist auch 54 > 45

Weiterführender Vorschlag

Sobald die Kinder einige Erfahrungen im Bestimmen von Anzahlen bis 100 gesammelt haben, können Übungen zum Schätzen durchgeführt werden. Achten Sie darauf, dass sinnvoll geschätzt und nicht nur geraten wird! Zum Schätzen eignen sich z. B. Bilder mit größeren Menschenmengen, Vogel- und Fischschwärmen, Blumenfeldern, Wäldern, Früchtemengen oder Sternen aus Büchern und Zeitschriften. Stecken Sie die Bilder in Klarsichtfolien. In Freiarbeit notieren die Kinder auf der Folie mit einem wasserlöslichen Stift ihre geschätzte Zahl und stellen anschließend durch Bündeln die tatsächliche Anzahl fest. Im Sitzkreis zeigen sie das Bild, nennen ihre Schätzzahl und das Zählergebnis und vergleichen beide Zahlen: „Ich habe zu viel/zu wenig geschätzt."

Lerninhalte

- Lesen und Schreiben der Zahlen bis 100
- Darstellen von Zahlen: konkret mit Arbeitsmaterial, bildlich und symbolisch mit Ziffern
- Dekadisches Zerlegen von Zahlen (z. B. 73 = 70 + 3)
- Ordnen von Zahlen der Größe nach
- Vergleichen von Zahlen mit den Zeichen <, >, =

KV Seite 29–34

Die Zahlen von 30 bis 90

Schrittweise werden auf diesen Kopiervorlagen die Zahlen bis 100 eingeführt. Damit die Kinder beim Erfassen, Darstellen, Lesen und Schreiben der Zahlen sicher werden, wird jeder Zehner gesondert betrachtet, wobei alle Kopiervorlagen nach demselben Muster aufgebaut sind. So können die Kinder einmal erlernte Arbeitstechniken regelmäßig üben und später selbstständig anwenden.

Die grafische Darstellung zweistelliger Zahlen erfolgt üblicherweise als sogenannte „Strich-Punkt-Darstellung" mit Zehnerstrichen und Einerpunkten. Dabei ist es gleichgültig, ob die Striche waagrecht (in Analogie zu den Reihen der Hundertertafel) oder senkrecht gezeichnet werden. Zumindest anfangs sollten die Zehnerstriche, die die Kinder in ihre Hefte zeichnen, auch wirklich zehn Kästchen lang sein. Dementsprechend benötigt jeder Einer ein Kästchen.

Als Vorarbeit zu jeder Kopiervorlage sollten die Kinder die Zahlen des jeweiligen Zahlenbereichs mit ihrem Arbeitsmaterial legen und ihre Handlungen versprachlichen.

Besonderer Wert wird auf die von der Ziffernschreibweise abweichende Sprechweise der Zahlen gelegt: „Wir sprechen zuerst die Einer, dann die Zehner. Wir schreiben jedoch zuerst die Zehner und dann die Einer." Vertauschen Kinder nach der ausführlichen Behandlung des Hunderters die Ziffern bei zweistelligen Zahlen immer noch, sollte die Zahldarstellung erneut veranschaulicht werden: Zahlen mit Arbeitsmaterial oder Geld legen, Zahlen mit Zehnerstrichen und Einerpunkten zeichnen, Zahlen auf der Hundertertafel zeigen. Auch das farbige Schreiben der Ziffern kann eine Hilfe sein: die Zehnerziffer grün (Ampelfarbe Grün → los bzw. hier beginnen) und die Einerziffer rot (Ampelfarbe Rot → stopp bzw. hier enden). Eine weitere Übungsform ist das dekadische Zerlegen von Zahlen in Zehnerzahl und Einer.

Beim Vergleich zweier Zahlen werden auch Verwechslungszahlen, d. h. Zahlen mit vertauschten Stellen, einander gegenübergestellt. Die unterschiedliche Wertigkeit der gleichen Ziffer als Zehner und Einer erkennen die Kinder bei der anschaulichen Darstellung sowie beim Zerlegen.

Weiterführende Vorschläge

Zur Verinnerlichung der Zahlen und zur Konzentrationsförderung bieten sich folgende Übungen an:

- Hörzahlen: Die Kinder schließen ihre Augen. Sie „zeichnen" mit einem Lineal Zahlen auf den Tisch, z. B. drei längere Striche und fünf kurze Punkte. Die dabei entstehenden Geräusche verraten den Kindern die Zahl.
- Luftzahlen: Sie zeichnen Zehnerstriche und Einerpunkte in die Luft. Die Kinder nennen die Zahl.
- Rückenzahlen: Im Wechsel zeichnen sich je zwei Kinder Zehnerstriche und Einerpunkte auf den Rücken. Der andere erfühlt die Zahl und nennt sie.
- „Zahlenkino im Kopf": Die Kinder schließen ihre Augen. Sie nennen eine zweistellige Zahl. Die Kinder stellen sich die Zahl als Zehnerstriche und Einerpunkte vor und sagen, was sie im Kopf „sehen".

Lösung Seite 30

Aufgabe 2:

40 + 2 = 42	40 + 4 = 44
40 + 6 = 46	40 + 8 = 48
40 + 9 = 49	50 + 0 = 50

Es fehlen die Zahlen 40, 41, 43, 45 und 47.

Lösung Seite 31

Aufgabe 2:

20 + 6 = 26	sechsundzwanzig
30 + 6 = 36	sechsunddreißig
40 + 6 = 46	sechsundvierzig
50 + 6 = 56	sechsundfünfzig

Lösung Seite 32

Aufgabe 3:

20 + 7 = 27	60 + 4 = 64	60 + 9 = 69
30 + 5 = 35	30 + 2 = 32	40 + 5 = 45
40 + 3 = 43	20 + 9 = 29	60 + 6 = 66
50 + 8 = 58	50 + 1 = 51	10 + 3 = 13

Lösung Seite 33

Aufgabe 2:

70 + 4 = 74	40 + 7 = 47
vierundsiebzig	siebenundvierzig
60 + 7 = 67	70 + 6 = 76
siebenundsechzig	sechsundsiebzig

Aufgabe 3:

70 > 7	71 < 73	21 < 71	37 < 73
7 < 17	75 < 79	75 > 35	75 > 57
17 < 70	76 > 72	49 < 79	72 > 27
71 > 17	78 > 74	58 < 78	47 < 74

Lösung Seite 34

Aufgabe 1:

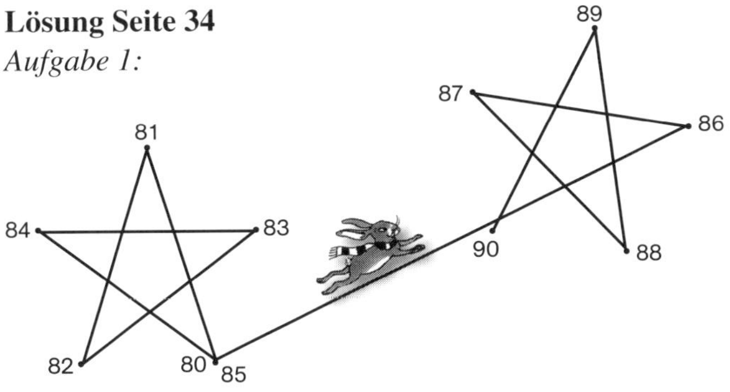

Aufgabe 2:

80 + 1 = 81
einundachtzig

80 + 6 = 86
sechsundachtzig

80 + 4 = 84
vierundachtzig

80 + 5 = 85
fünfundachtzig

80 + 7 = 87
siebenundachtzig

80 + 9 = 89
neunundachtzig

Weiterführende Vorschläge

- Zur Vertiefung der bereits erlernten Zahlen ist das Spiel „Mein rechter, rechter Platz ist frei" geeignet. Dafür erhält jedes Kind eine Karte mit einer Zahl aus dem Zahlenraum, der geübt werden soll. Die Kinder spielen nach der Spielregel, die bereits auf Seite 8 erklärt wurde. Je nachdem, was die Kinder üben sollen, sind folgende Sprechweisen möglich:
  Zahlenlesen: „Mein rechter, rechter Platz ist frei, ich wünsche mir die 42 herbei."
  Dekadisches Zerlegen: „Mein rechter, rechter Platz ist frei, ich wünsche mir 4 Z und 2 E/40 plus 2 herbei."
- Mit dem Spiel „Bingo" können das Schreiben und das schnelle Lesen von Zahlen geübt werden. Als Vorbereitung zeichnet jedes Kind auf kariertes Papier ein großes Quadrat, das aus 9 Feldern (3 mal 3) besteht. Nennen Sie nun eine zweistellige Zahl, die die Schüler an einer beliebigen Stelle in ihrem Raster eintragen. Damit sichergestellt ist, dass jeder die richtige Zahl notiert hat, schreiben Sie die Zahl anschließend an die Tafel. Auf die gleiche Weise werden die restlichen acht Felder gefüllt. Ermuntern Sie die Kinder ausdrücklich, die Zahlen nicht der Reihe nach, sondern wahllos einzutragen.
  Alle Kinder nehmen nun einen roten Stift zur Hand und die erste Spielrunde kann beginnen: Sie nennen die an der Tafel stehenden Zahlen in beliebiger Reihenfolge. Die Kinder setzen jeweils einen roten Punkt in das entsprechende Feld. Wer als Erster drei rote Punkte in einer waagrechten, senkrechten oder diagonalen Reihe hat, ruft „Bingo!" und gewinnt die Runde. Für die weiteren Runden nehmen die Kinder jeweils einen andersfarbigen Stift zur Hand, Sie nennen die Zahlen in anderer Reihenfolge und die Kinder setzen wieder Punkte. Das Spiel kann in gleicher Weise auch mit einem Quadrat aus 16 Feldern (4 mal 4) gespielt werden.

KV Seite 35

Die Hundertertafel

Während das aus Punkten oder Kästchen bestehende Hunderterfeld unbeschriftet ist und waagrecht oder senkrecht „gelesen" werden kann, hat in der mit Zahlen beschrifteten Hundertertafel jede Zahl ihren eindeutig festgelegten Platz. Die waagrechten Reihen sind Zeilen, die senkrechten Reihen sind Spalten.

Beim Betrachten der Hundertertafel erkennen die Kinder die folgenden Gesetzmäßigkeiten:

- In den Zeilen 2 bis 10 bleibt die Zehnerziffer bis auf die letzte Zahl gleich. Die Einerziffer wird von Feld zu Feld jeweils um 1 größer.
- In den Spalten dagegen bleibt die Einerziffer gleich und die Zehnerziffer wird nach unten jeweils um 1 größer.
- Diagonal ändern sich Zehner- und Einerziffer jeweils um 1.

Die folgenden Übungen dienen der Orientierung auf der Hundertertafel. Sie sind im Unterricht wiederholt durchzuführen, damit die Schüler die Struktur langfristig verinnerlichen:

- Die Klasse zählt gemeinsam von 1 bis 100. Sie stoppen mit der Uhr die dafür benötigte Zeit.
- In Fünferschritten vorwärts und rückwärts zählen und dabei die genannten Zahlen auf der Hundertertafel zeigen: 5, 10, 15, 20 … 100.
- In einem begrenzten Zahlenraum vorwärts und rückwärts in vorgegebenen Schritten zählen, z. B.:
  30, 32, 34 … 50 – 50, 48, 46 … 30;
  50, 54, 58 … 82 – 82, 78, 74 … 50.
- Wo sind alle Zahlen, die mit einer 2 beginnen und 2 Z haben? Wie heißen sie?
- Wie heißen die Zahlen in Zeile 3/in Spalte 4? Die Kinder nennen je zehn Zahlen zeilen- bzw. spaltenweise.
- Wo sind alle Zahlen, die am Ende eine 5 haben? Wie heißen sie?
- Wie viele Zahlen haben die gleiche Zehner- und Einerziffer („Schnapszahlen")? Wo stehen sie?
- Welche Zahlen stehen unter 22, über 96, rechts von 53, links von 79, zwischen 62 und 69?
- Die Kinder finden von Ihnen genannte Zahlen oder „Hörzahlen" (vgl. Seite 22) und zeigen sie.
- Verdecken Sie an der Demonstrationstafel nacheinander einige Zahlen, die die Kinder nennen und auf ihrer eigenen Hundertertafel zeigen.

Lösung

Aufgabe 2:

a) in Zeile 5	41	42	43	44	45	46	47	48	49	50
b) in Spalte 5	5	15	25	35	45	55	65	75	85	95

Aufgabe 3:

68	88	78
77	79	98

Aufgabe 4:

a) 5 Zahlen (6, 16, 26, 36, 46)

b) 10 Zahlen (60, 61, 62, 63, 64, 65, 66, 67, 68, 69)

Weiterführende Vorschläge

- Jedes Kind fertigt seine eigene Hundertertafel mit Wasser- oder Fingerfarben an. Es taucht dafür einen Finger in ein Farbtöpfchen und setzt in einer Farbe zehn Fingerabdrücke nebeneinander in eine Reihe. Für jede Reihe wird eine andere Farbe verwendet. Wenn die Farben getrocknet sind, schreiben sie mit schwarzem Filzstift die Zahlen der Reihe nach auf die Fingerabdrücke. Beim Betrachten der Bilder ergibt sich eine reizvolle Wiederholung: „In der roten Reihe stehen bei mir die Zahlen von … bis …" – „Bei mir stehen in dieser Reihe …" Diese Hundertertafel kann auch für die folgenden Würfelspiele als „Spielbrett" genutzt werden.
- „Wettrennen": Zwei Kinder würfeln abwechselnd mit einem Würfel und ziehen der Augenzahl entsprechend mit ihrer Spielfigur auf der Hundertertafel vorwärts. Wer ist zuerst bei 100 bzw. kommt in der festgelegten Zeit am weitesten? Analog können die Kinder auch bei 100 starten und rückwärts ziehen.
  Variante: Wer auf eine Zehnerzahl kommt, notiert diese. Wer kam am Ende des Spiels auf die meisten Zehnerzahlen?
- „Zahlen suchen": Zwei Kinder würfeln abwechselnd mit zwei Würfeln. Aus den geworfenen Augenzahlen bilden die Schüler Zahlen, die sie auf der Hundertertafel farbig ankreuzen. So kann man beispielsweise aus den Ziffern 5 und 3 die Verwechslungszahlen 35 und 53 bilden. Bei zwei gleichen Ziffern, z. B. 3 und 3, kann man nur eine Zahl bilden. Wer konnte nach einer festgelegten Zeit die meisten Zahlen ankreuzen?
  Hinweis: Mit herkömmlichen Würfeln können nur die Zahlen von 11 bis 66 erwürfelt werden. Um den Zahlenraum zu erweitern, bietet sich der Einsatz im Handel erhältlicher mehrseitiger Würfel mit den Augenzahlen von 0 bis 10 an. Alternativ können auch auf zwei zusätzliche Blankowürfel die Punktbilder der Ziffern 0, 7, 8 und 9 aufgeklebt werden. Die Kinder entscheiden sich dann vor jedem Wurf, welche zwei Würfel sie nehmen.
- Als langfristige Übung für Kinder mit Lernschwierigkeiten ist die Darstellung von Zahlen im Hunderterfeld gut geeignet. Dafür rahmen die Kinder mit ihrem Lineal 10 mal 10 Kästchen auf Karopapier ein und färben die einer Zahl entsprechende Anzahl von Kästchen, z. B.: 37 = 30 + 7

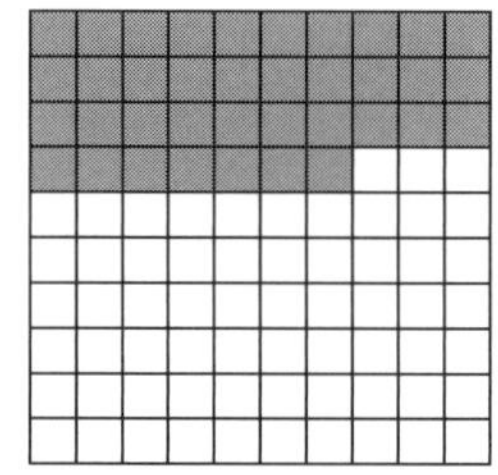

KV Seite 36

Wege auf der Hundertertafel

Die Kinder erkennen, dass dem „Gehen" von Wegen auf der Hundertertafel arithmetische Operationen zugeordnet werden können. Dem Vorrücken entspricht dabei die Operation „Plus" und dem Zurückgehen die Operation „Minus". Die Schüler müssen beachten, dass bei den Einern „vor" nach rechts bzw. „zurück" nach links gehen heißt, bei den Zehnern dagegen „vor" nach unten und „zurück" nach oben bedeutet. Bei der zweiten Aufgabe erkennen die Schüler darüber hinaus, dass man immer auf dieselbe Zahl kommt, unabhängig davon, in welcher Reihenfolge man die Zehner und Einer vorrückt bzw. zurückgeht.

Bei der dritten Aufgabe ergänzen die Kinder die fehlenden Zahlen auf den Ausschnitten der Hundertertafel und verinnerlichen mit dieser Übung weiter den systematischen Aufbau des Hunderters.

Lösung

Aufgabe 1:

Zahl 53:	Zahl 44:
a) 58	a) 69
b) 73	b) 69
c) 56	c) 96
d) 60	d) 96
e) 33	e) 22
f) 51	f) 28

Lerninhalte

- Nennen der Einer- und Zehner-Nachbarzahlen
- Bilden und Fortsetzen von Zahlfolgen

KV Seite 37

Die Hunderterkette

Die lineare Anordnung der Hunderterkette ist eine übersichtliche Hilfe beim Ordnen und Vergleichen der Zahlen sowie beim Aufsuchen von Nachbarzahlen. Sie verdeutlicht die Struktur der Zahlenreihe: Je kleiner die Zehnerziffer ist, umso näher liegt die Zahl bei 0, je größer die Zehnerziffer ist, um so näher liegt die Zahl bei 100. Als Anschauungsmaterial eignet sich beispielsweise ein Schneidermaßband oder ein Metermaß aus Papier, wie es in Möbelhäusern kostenlos erhältlich ist.

Die Kinder kennen bereits aus der ersten Jahrgangsstufe für die Nachbarzahlen die Begriffe „Vorgänger" und „Nachfolger", die nun von den Einern auf Zehner übertragen werden. „Zehnervorgänger" und „Zehnernachfolger" lassen sich durch Vor- und Zurückgehen an der Hunderterkette leicht bestimmen. Statt der Begriffe „Einernachbar" bzw. „Zehnernachbar" werden oft auch die Ausdrücke „Nachbareiner" und „Nachbarzehner" gebraucht, doch im Hinblick auf den weiteren Mathematikunterricht, in dem später noch „Hunderternachbarn" und „Tausendernachbarn" zu bestimmen sind, werden im vorliegenden Band diese Bezeichnungen nicht verwendet.

Als Vertiefung zur ersten Aufgabe der Kopiervorlage können die Kinder den genauen Abstand zu den Zehnernachbarn bestimmen und entsprechende Aufgaben in ihr Heft schreiben, z. B. 38 – 8 = 30, 38 + 2 = 40.

Bei der zweiten und dritten Aufgabe vervollständigen die Kinder die Zahlenreihe entsprechend der Vorgabe. Die vierte Aufgabe ist für leistungsstärkere Schüler gedacht: Zuerst muss die Regel der Zahlenfolge herausgefunden werden, um die fehlenden Zahlen ergänzen zu können.

Lösung

Aufgabe 1:

Einer-vorgänger	Kreuze diese Perlen an.	Einer-nachfolger
56	57	58
90	91	92
61	62	63
69	70	71
33	34	35

Zehner-vorgänger	Male diese Perlen aus.	Zehner-nachfolger
30	38	40
70	75	80
50	59	60
40	43	50
80	86	90

Aufgabe 2:

68	70	72	74	76	78	80	82	84	86	88	90

100	98	96	94	92	90	88	86	84	82	80	78

Aufgabe 3:

35	40	45	50	55	60	65	70	75	80	85	90

70	65	60	55	50	45	40	35	30	25	20	15

Aufgabe 4:

– 5 – 2 – 5 – 2

91	86	84	79	77	72	70	65	63	58	56	51

– 8 + 3 – 8 + 3

100	92	95	87	90	82	85	77	80	72	75	67

KV Seite 38

Zahlen am Zahlenstrich

Während die Hunderterkette jede einzelne Zahl bis 100 zeigt, erfolgt nun eine weitere Abstraktion: Der Rechenstrich, auf dem nur die Reihenfolge und die ungefähre Lage der Zahlen stark verkleinert angegeben wird, dient als schnelle und übersichtliche Hilfe beim späteren Rechnen. Durch den Verzicht auf das Operationszeichen lässt sich die Abbildung der arithmetischen Struktur entsprechend flexibel interpretieren:
z. B. 60 + 8 = 68, 68 – 8 = 60.

Lösung

Aufgabe 2:

63 – 3 = 60	26 – 6 = 20	83 – 3 = 80
41 – 1 = 40	37 – 7 = 30	24 – 4 = 20
75 – 5 = 70	94 – 4 = 90	65 – 5 = 60
99 – 9 = 90	52 – 2 = 50	58 – 8 = 50

Aufgabe 3:

45 + 5 = 50	54 + 6 = 60	23 + 7 = 30
21 + 9 = 30	77 + 3 = 80	81 + 9 = 90
69 + 1 = 70	52 + 8 = 60	65 + 5 = 70
37 + 3 = 40	98 + 2 = 100	46 + 4 = 50

Name:

Zehnerzahlen bis 100

1. Hat der Hase recht? Zähle und male immer nach 10 Kastanien den Ast aus. Beschrifte die Fähnchen.

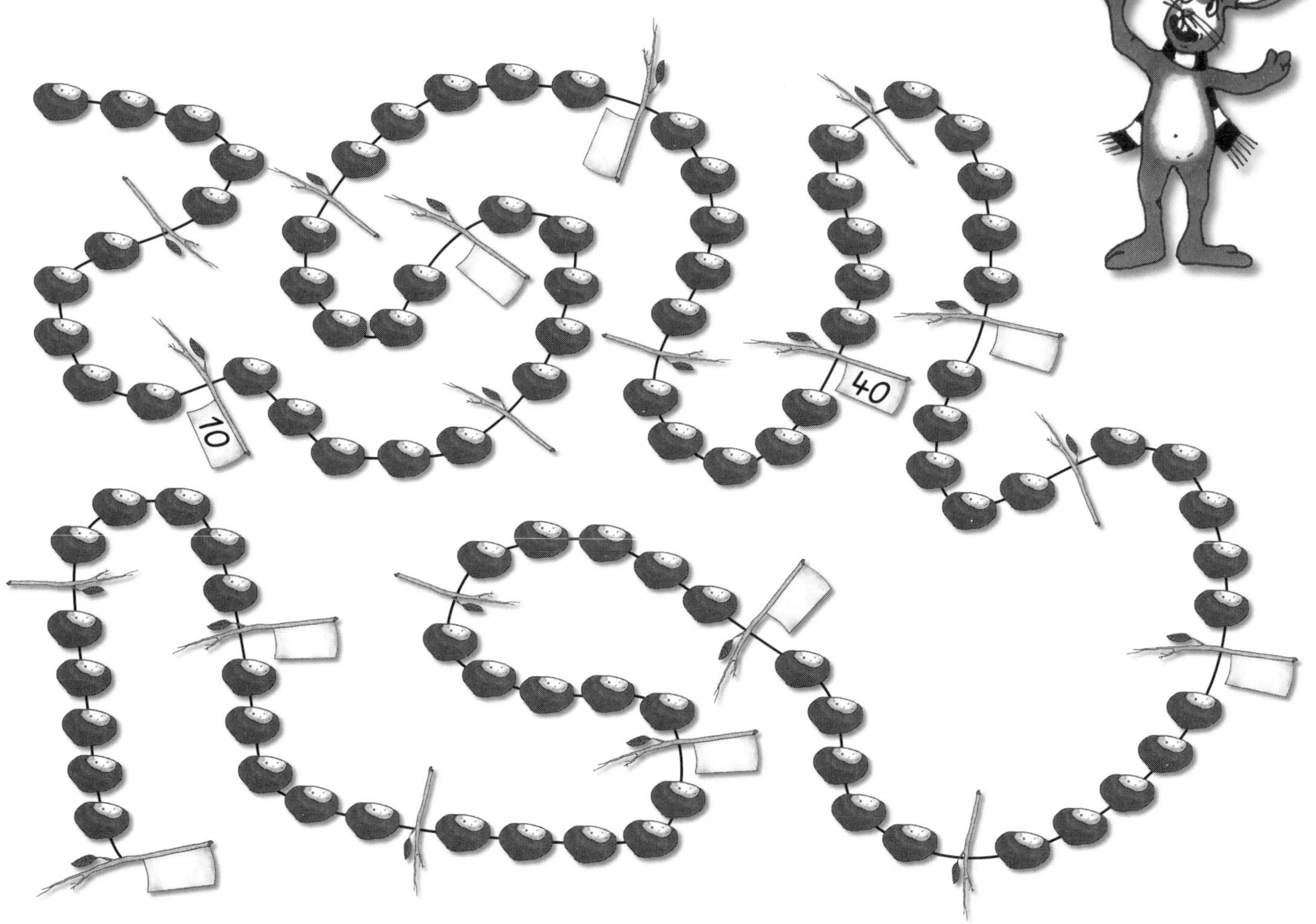

2. Schreibe die passenden Zahlen und Zahlwörter daneben.

1	0

zehn

Name:

Rechnen mit Zehnerzahlen

1. Schreibe Zerlegaufgaben auf.

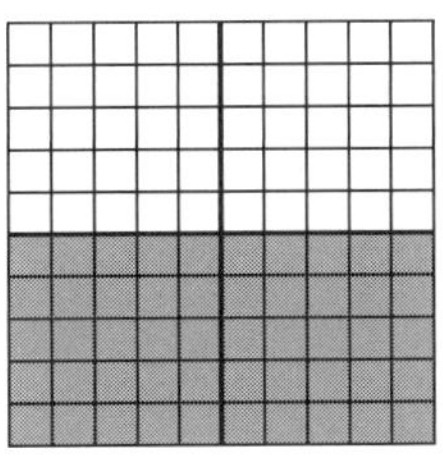

100 = 50 + ☐

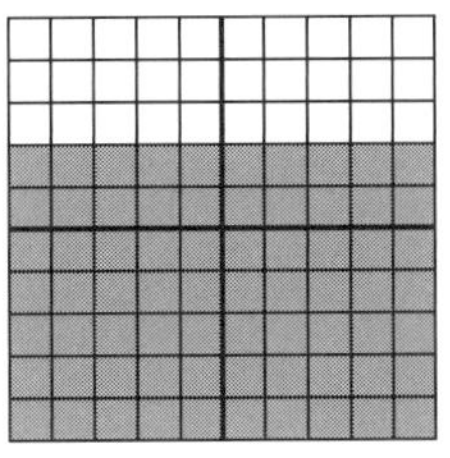

100 = ☐ + ☐

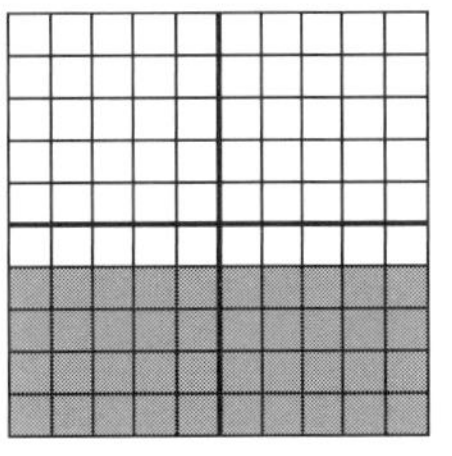

100 = ☐ + ☐

2. Rechne kleine und große Plusaufgaben.

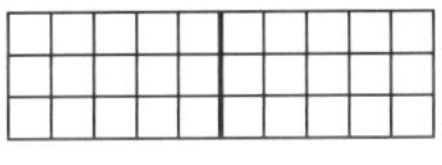

3 Zehner

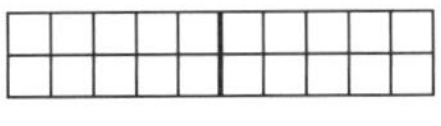

☐ Zehner

3 Zehner + 2 Zehner = 5 Zehner

30 + 20 = 50

	4	+		3	=		
4	0	+	3	0	=		

	7	+		2	=		
7	0	+	2	0	=		

	8	+		1	=		
8	0	+	1	0	=		

3. Rechne kleine und große Minusaufgaben.

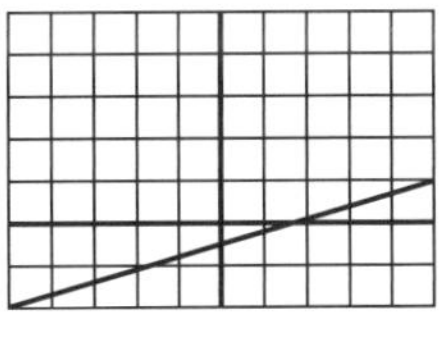

☐ Zehner

☐ Zehner

☐ Zehner − 3 Zehner = ☐ Zehner

☐ − ☐ = ☐

	8	−		3	=		
8	0	−	3	0	=		

	9	−		6	=		
9	0	−	6	0	=		

	7	−		5	=		
7	0	−	5	0	=		

Name:

Bündeln und zählen

So zählst du schnell:.
In jedem Kreis ☐ Punkte
und dann noch ein paar Einzelne.

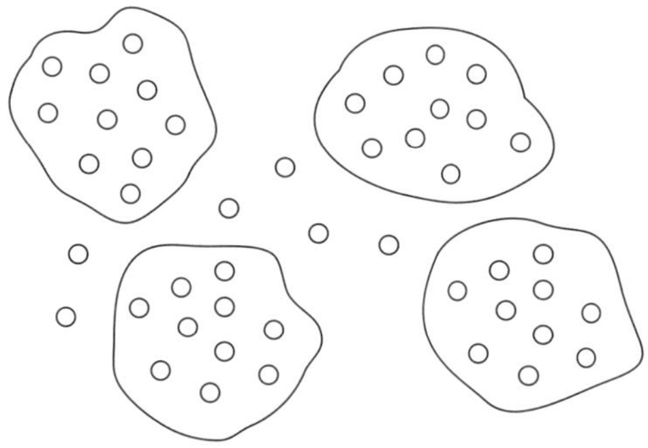

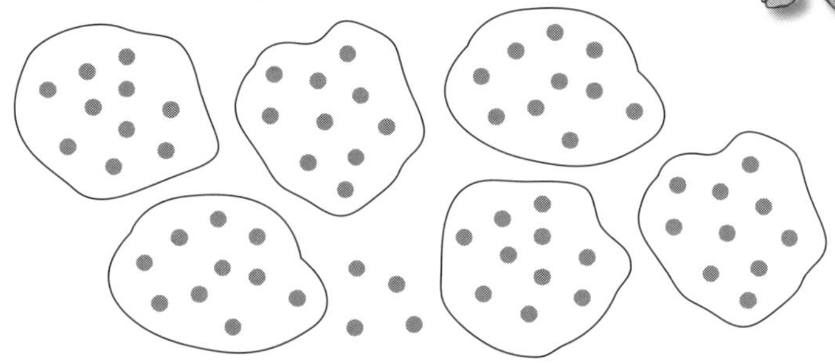

Zehner	Einer
4	6

40 + 6 = 46

Zehner	Einer
6	4

60 + 4 = 64

60 > 40, also ist auch 64 > 46

Sind es mehr schwarze oder mehr weiße Punkte?
Rahme das Bild ein, auf dem mehr Punkte sind.

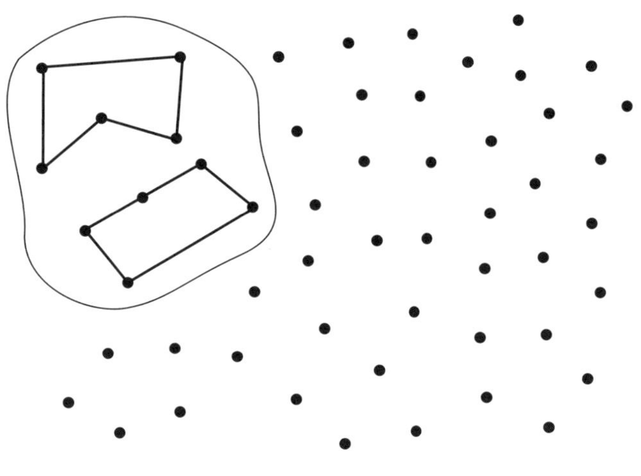

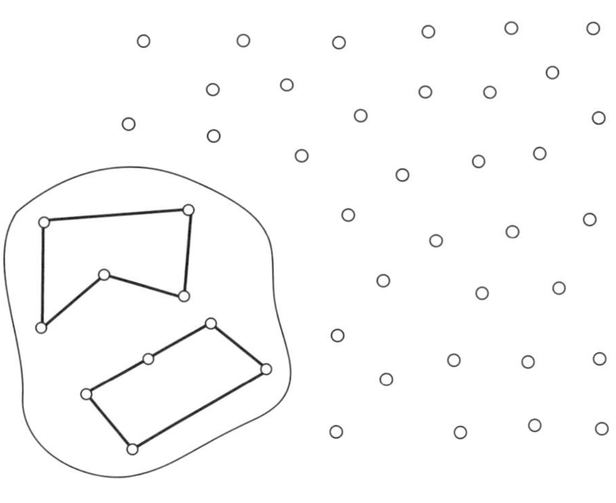

Zehner	Einer

☐ + ☐ = ☐

Zehner	Einer

☐ + ☐ = ☐

☐ > ☐, also ist auch ☐ > ☐

Name:

Die Zahlen von 30 bis 40

So kannst du diese Zahlen schnell zeichnen: Für einen Zehner einen Strich, für einen Einer einen Punkt.

≡ ○○○○

Zehner	Einer
3	4

30 + ☐ = ☐

Ergänze.

≡ ○	30 + 1 = 31	einunddreißig
≡ ○○		________unddreißig
≡	30 + 3 = ☐	________unddreißig
≡	30 + 4 = ☐	________unddreißig
≡ ○○○○○		________unddreißig
≡ ○○○○○ ○		________________
≡	30 + 7 = ☐	________________
≡		achtunddreißig
≡		neununddreißig
≡	30 + 10 = ☐	vierzig

Name:

Die Zahlen von 40 bis 50

1. Verbinde die Sprechblase mit den richtigen Zahlen.

fünfund-vierzig

einund-vierzig

dreiund-vierzig

siebenund-vierzig

40	41	42	43	44	45	46	47	48	49	50

2. Wie heißen diese Zahlen? Ergänze.

○ ○ — 40 + 2 = ☐	○ ○ ○ ○ — ☐ + ☐ = ☐
○ ○ ○ ○ ○ ○ — ☐ + ☐ = ☐	○ ○ ○ ○ ○ ○ ○ ○ — ☐ + ☐ = ☐
○ ○ ○ ○ ○ ○ ○ ○ ○ — ☐ + ☐ = ☐	☐ + ☐ = ☐

5 Zahlen von 40 bis 50 fehlen noch.

Schreibe sie hier auf: ☐ ☐ ☐ ☐ ☐

3. Schreibe die richtigen Zahlen zu den Zahlwörtern.

fünfundvierzig ☐	neunundvierzig ☐	sechsundvierzig ☐
dreiundvierzig ☐	einundvierzig ☐	zweiundvierzig ☐
neunundzwanzig ☐	siebenunddreißig ☐	dreiunddreißig ☐

Name:

Die Zahlen von 50 bis 60

1	2	3	4	5	6	7	8	9	10
11			14	15	16	17	18	19	20
21		23		25	26	27	28	29	
31		33	34		36	37	38		40
41		43	44	45		47		49	50
51		53		55			58	59	60

**1. Trage die fehlenden Zahlen ein.
Verbinde die Sprechblasen
mit den richtigen Zahlen.**

sechzig

fünfzig

sechsund-
fünfzig

zweiund-
fünfzig

vierund-
fünfzig

siebenund-
fünfzig

2. Wie heißen diese Zahlen? Ergänze.

— —	○○○○○ ○	20 + 6 = ☐	sechsundzwanzig
— — —	○○○○○ ○	☐ + ☐ = ☐	________
— — — —	○○○○○ ○	☐ + ☐ = ☐	________
— — — — —	○○○○○ ○	☐ + ☐ = ☐	________

3. Zerlege die Zahlen in Zehner und Einer.

57 = 50 + 7

53 =

59 =

58 =

42 =

36 =

24 =

33 =

45 =

Name:

Die Zahlen von 60 bis 70

1. Male alle Felder mit den Zahlen von 60 bis 70 aus.

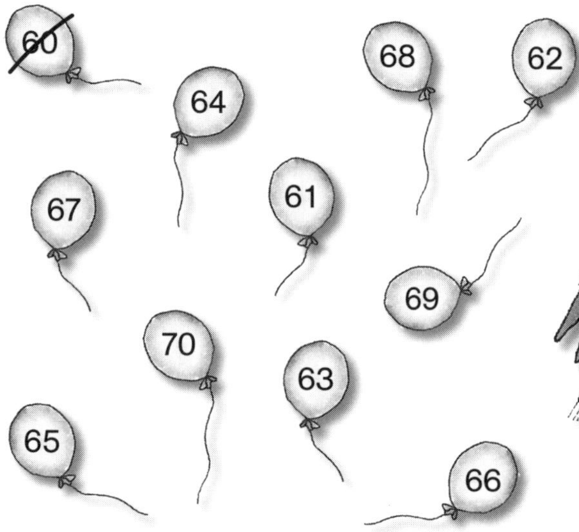

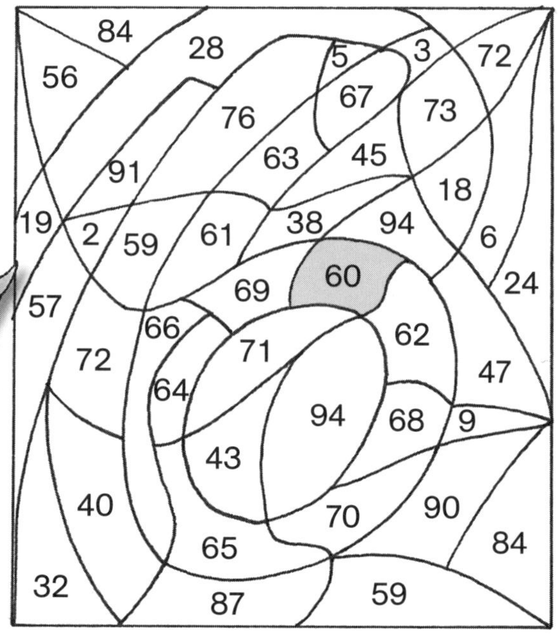

2. Zeichne die Zahlen mit Zehnerstrichen und Einerpunkten. Schreibe auf.

▬▬▬▬▬▬ ○○○	63 = *60* + *3* dreiundsechzig	▬▬▬▬▬▬	65 = ☐ + ☐ ______undsechzig
▬▬▬▬▬▬	68 = ☐ + ☐ ______undsechzig	▬▬▬▬▬▬	64 = ☐ + ☐ ______undsechzig

3. Rechne.

20 + 7 =	60 + 4 =	60 + 9 =
30 + 5 =	30 + 2 =	40 + 5 =
40 + 3 =	20 + 9 =	60 + 6 =
50 + 8 =	50 + 1 =	10 + 3 =

Name:

Die Zahlen von 70 bis 80

1	2	3	4	5	6	7	8	9	10
11	12	13	14		16	17	18	19	20
21	22		24		26			29	
31	32	33	34		36	37			40
41		43	44			47		49	50
51									60
61	62		64		66		68	69	70
71		73	74		76	77		79	80

siebzig

achtzig

1. Trage die fehlenden Zahlen ein.

Achtung: Die Zahlen in Aufgabe 2 kann man leicht verwechseln. Wie uns beide!

2. Ergänze.

70 + 4 = ☐

vierundsiebzig

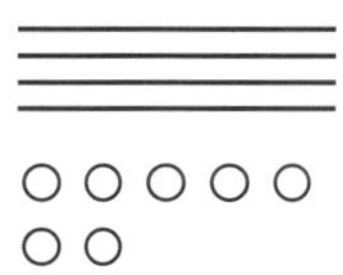

☐ + ☐ = ☐

____

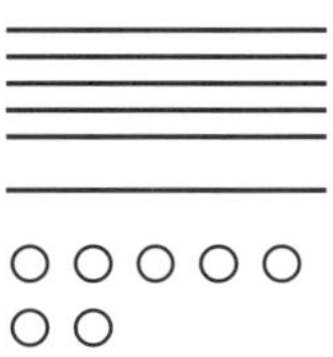

☐ + ☐ = ☐

____

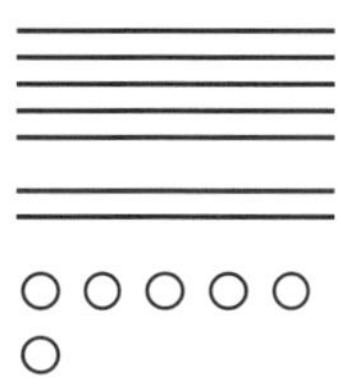

☐ + ☐ = ☐

____

3. Setze ein: < (grün) oder > (rot)

70 ◯ 7	71 ◯ 73	21 ◯ 71	37 ◯ 73
7 ◯ 17	75 ◯ 79	75 ◯ 35	75 ◯ 57
17 ◯ 70	76 ◯ 72	49 ◯ 79	72 ◯ 27
71 ◯ 17	78 ◯ 74	58 ◯ 78	47 ◯ 74

Name:

Die Zahlen von 80 bis 90

1. Verbinde alle Zahlen von 80 bis 90 in der richtigen Reihenfolge.

89

87 • • 86

81

Kreuz und quer – gar nicht schwer!

84 • • 83

90 • 88

82 • 80 • 85

2. Ergänze.

80 + ☐ ☐ ______undachtzig	☐ + ☐ = ☐ sechsundachtzig
80 + 4 ☐ ______________	☐ + ☐ = 85 ______________
☐ + ☐ = ☐ ______________	☐ + ☐ = ☐ neun__________

Name:

Die Hundertertafel

1	2			5	6			9	10
	12	13			16	17			20
		23	24			27	28		
31			34	35			38	39	
41	42			45	46			49	50
	52	53			56	57			60
		63	64			67	68		
71			74	75			78	79	
81	82			85	86			89	90
	92	93			96	97			100

1. Trage die fehlenden Zahlen ein.

2. Wie heißen die Zahlen? Schreibe sie auf.

a) in Zeile 5										
b) in Spalte 5										

3. Kreise die Zahlen in der Hundertertafel ein. Schreibe sie auf.

Zeile 7 Spalte 8: 68	Zeile 9 Spalte 8:	Zeile 8 Spalte 8:
Zeile 8 Spalte 7:	Zeile 8 Spalte 9:	Zeile 10 Spalte 8:

4. Schau genau hin und schreibe auf.

a) Wie viele Zahlen zwischen 1 und 50 haben an der Einerstelle eine 6? ☐

b) Wie viele Zahlen zwischen 59 und 72 haben an der Zehnerstelle eine 6? ☐

Name:

Wege auf der Hundertertafel

1. Gehe mit deiner Bleistiftspitze diese Wege.
Auf welcher Zahl landest du?

1	2	3	4	5	6	7	8	9	10
11									20
21									30
31									40
41									50
51									60
61									70
71									80
81									90
91	92	93	94	95	96	97	98	99	100

Starte immer auf der Zahl 53.

a) Gehe 5 Einer vor: 58

b) Gehe 2 Zehner vor: 73

c) Gehe 3 Einer vor:

d) Gehe 7 Einer vor:

e) Gehe 2 Zehner zurück:

f) Gehe 2 Einer zurück:

1	2	3	4	5	6	7	8	9	10
11									20
21									30
31									40
41									50
51									60
61									70
71									80
81									90
91	92	93	94	95	96	97	98	99	100

Starte immer auf der Zahl 44.

a) 5 Einer vor, 2 Zehner vor: 69

b) 2 Zehner vor, 5 Einer vor:

c) 2 Einer vor, 5 Zehner vor:

d) 5 Zehner vor, 2 Einer vor:

e) 2 Zehner zurück, 2 Einer zurück:

f) 4 Einer vor, 2 Zehner zurück:

2. Welche Zahlen fehlen auf den Teilen der Hundertertafel? Trage sie ein.

	92

	95	

48	

1	2	3	4	5	6	7	8	9	10
11									20
21									30
31									40
41				45	46				50
51				55	56				60
61									70
71									80
81									90
91	92	93	94	95	96	97	98	99	100

		100

		56

31		

Name:

Die Hunderterkette

1. Finde die Perlen mit diesen Zahlen.

Einer-vorgänger	Kreuze diese Perlen an.	Einer-nachfolger
56	57	58
	91	
	62	
	70	
	34	

Zehner-vorgänger	Male diese Perlen aus.	Zehner-nachfolger
30	38	40
	75	
	59	
	43	
	86	

2. Zähle in Zweierschritten vorwärts und rückwärts.

68	70										90
100	98										78

3. Zähle in Fünferschritten vorwärts und rückwärts.

35	40										90
70	65										15

4. Wie geht es weiter?

91	86	84	79	77							51
100	92	95	87	90							67

Name:

Zahlen am Rechenstrich

1. Trage ein, wo diese Zahlen am Rechenstrich ungefähr liegen.

~~65~~ 94 27 42

38 81 59 76

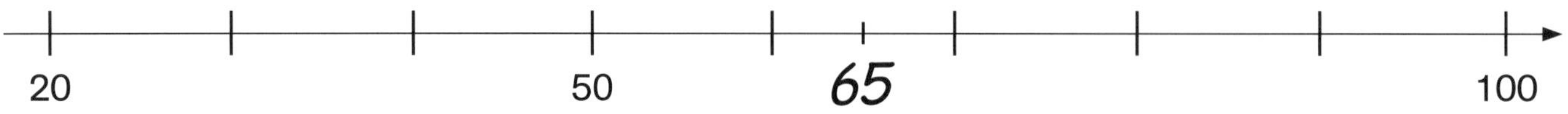

2. Gehe immer zum nächsten Zehner zurück.

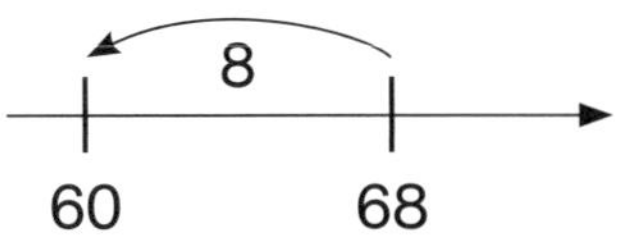

68 − [8] = 60

6	3	−		=	6	0
4	1	−		=	4	0
7	5	−		=	7	0
9	9	−		=	9	0

2	6	−		=	2	0
3	7	−		=	3	0
9	4	−		=	9	0
5	2	−		=	5	0

8	3	−		=		
2	4	−		=		
6	5	−		=		
5	8	−		=		

3. Gehe immer zum nächsten Zehner vor.

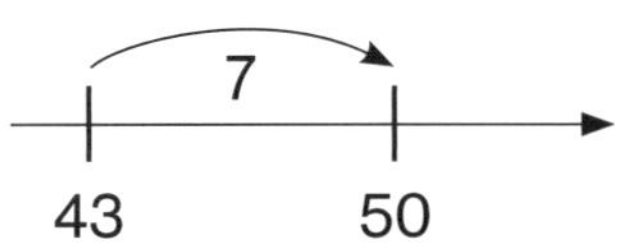

43 + [7] = 50

4	5	+		=	5	0
2	1	+		=	3	0
6	9	+		=	7	0
3	7	+		=	4	0

5	4	+		=		6	0
7	7	+		=		8	0
5	2	+		=		6	0
9	8	+		=	1	0	0

2	3	+		=		
8	1	+		=		
6	5	+		=		
4	6	+		=		

3. Kapitel: Addition und Subtraktion (1)

Vorbemerkung

Im Sinne einer Schwierigkeitssteigerung vom Leichten zum Schwierigen werden in diesem Kapitel zunächst nur Aufgaben behandelt, bei denen das Rechnen in Analogie zum Zahlenraum bis 10 bzw. 20 möglich ist, also mit Zehnern und einstelligen Zahlen. Die Addition und Subtraktion mit einstelligen Zahlen erfolgt zunächst ohne, später mit Zehnerübergang. Auch wenn leistungsstärkere Schüler weitere Rechenwege finden, erproben und begründen, ist es vor allem für Kinder mit Lernschwierigkeiten günstig, nur ein Verfahren einzuüben. Darüber hinaus sollten alle Aufgaben an der Hundertertafel veranschaulicht werden.

Üben Sie beim Kopfrechnen nicht nur den gerade aktuellen Aufgabentyp, sondern auch die vorausgegangenen Aufgaben. Auch das sichere Beherrschen der Plus- und Minusaufgaben im Zahlenraum bis 20 ist eine wichtige Grundlage für alle weiteren Aufgaben.

Die Aufgaben zur Addition und Subtraktion von zweistelligen Zahlen ohne und mit Zehnerübergang folgen im fünften Kapitel (ab Seite 85).

Hinweise zu den Kopiervorlagen

Lerninhalte

- Addieren und Subtrahieren von Zehnern
- Addieren und Subtrahieren einstelliger Zahlen ohne Zehnerübergang
- Erkennen und Nutzen dekadischer Analogien zum Zahlenraum bis 20

KV Seite 44/45

Plusaufgaben mit Zehnern
Minusaufgaben mit Zehnern

Das Addieren und Subtrahieren von reinen Zehnerzahlen lässt sich auf die abstrakte Beschreibung ZE ± Z reduzieren. Bei diesem Aufgabentyp ändert sich jeweils nur der Zehner, die Einer der Ausgangszahl bleiben gleich.

Der ausführliche Rechenweg 58 ± 30 = (50 ± 30) + 8 lässt sich im Kopf verkürzt rechnen: Wir betrachten nur die Zehner und zählen diese zusammen, die Einer werden beibehalten. In Analogie zum Zahlenraum bis 10 lässt sich die Aufgabe auch so darstellen: (5 Z + 3 Z) + 8 E. Auf der Hundertertafel bedeutet dieser Aufgabentyp ein Auf- bzw. Abwärtsgehen in der Spalte der entsprechenden Einer. Achten Sie in diesem Zusammenhang erneut darauf, dass die Kinder bei der Unterscheidung von Zehnern und Einern sicher sind.

Lösung Seite 44

Aufgabe 1:

28 + 30 = 58
28 + 50 = 78
28 + 70 = 98

Aufgabe 2:

34 + 10 = 44	42 + 30 = 72	42 + 40 = 82
34 + 50 = 84	46 + 30 = 76	46 + 20 = 66
34 + 30 = 64	49 + 30 = 79	49 + 50 = 99
34 + 60 = 94	43 + 30 = 73	43 + 10 = 53
41 + 50 = 91	51 + 40 = 91	19 + 70 = 89
62 + 20 = 82	26 + 60 = 86	37 + 20 = 57
29 + 70 = 99	44 + 40 = 84	47 + 40 = 87
85 + 10 = 95	35 + 50 = 85	56 + 30 = 86

Lösung Seite 45

Aufgabe 1:

96 – 30 = 66
96 – 50 = 46
96 – 70 = 26

Aufgabe 2:

87 – 10 = 77	72 – 50 = 22	72 – 30 = 42
87 – 20 = 67	75 – 50 = 25	75 – 60 = 15
87 – 40 = 47	77 – 50 = 27	77 – 40 = 37
87 – 50 = 37	79 – 50 = 29	79 – 20 = 59
91 – 20 = 71	84 – 70 = 14	74 – 50 = 24
63 – 30 = 33	55 – 40 = 15	87 – 60 = 27
58 – 50 = 8	97 – 50 = 47	92 – 30 = 62
32 – 10 = 22	76 – 30 = 46	46 – 20 = 26

Weiterführender Vorschlag

Da dieser Aufgabentyp problemlos im Kopf lösbar ist, bieten sich zur Vertiefung mündlich gestellte Zahlenrätsel an, bei denen die Kinder den Text in eine Gleichung umsetzen, z. B.:

„Meine Zahl ist um 40 größer als 37." (37 + 40 = 77)
„Meine Zahl ist um 30 kleiner als 99." (99 – 30 = 69)

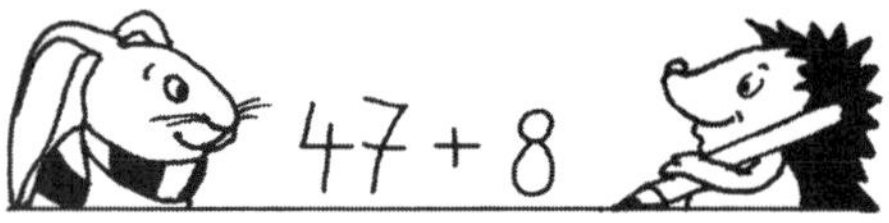

Plusaufgaben mit Einern
Minusaufgaben mit Einern

KV Seite 46/47

Aufgaben zur Addition und Subtraktion mit Einern im Zahlenraum bis 100 können abstrakt als ZE ± E beschrieben werden. Da zunächst nur Aufgaben ohne Zehnerübergang betrachtet werden, bleiben beim Ergebnis die Zehner gleich und nur die Einer ändern sich.

Der ausführliche Rechenweg 44 ± 3 = 40 + (4 ± 3) bedeutet in der Praxis: Wir betrachten nur die Einer und zählen diese zusammen, die Zehner werden beibehalten.

Beim Rechnen mit einstelligen Zahlen ohne Zehnerübergang lassen sich damit alle „großen" Aufgaben mit Zehner-Einer-Zahlen (z. B. 44 ± 3) auf sogenannte „kleine" Aufgaben im Zahlenraum bis 10 (z. B. 4 ± 3) zurückführen: (4 E ± 3 E) + 4 Z. Die Kinder gewinnen die Erkenntnis, dass bei diesen Aufgaben das Rechnen in jedem Zehner auf die gleiche Weise funktioniert. Auf der Hundertertafel bedeutet das, dass innerhalb einer Zeile nach rechts (plus) bzw. links (minus) gegangen wird.

Im Hinblick auf das nachfolgende Rechnen mit Zehnerübergang sollte in diesem Zusammenhang bereits das Ergänzen auf den folgenden Zehner (44 + □ = 50) und das Vermindern zum vorausgehenden Zehner (44 – □ = 40) intensiv geübt werden. Dabei ist es wichtig, dass die Kinder alle Zerlegungen der Zahl 10 sicher beherrschen.

Lösung Seite 46

Aufgabe 1:

4 + 3 = 7 | 14 + 3 = 17 | 24 + 3 = 27 | 34 + 3 = 37

Aufgabe 2:

5 + 4 = 9	6 + 2 = 8	4 + 1 = 5
75 + 4 = 79	26 + 2 = 28	54 + 1 = 55
35 + 4 = 39	46 + 2 = 48	64 + 1 = 65
95 + 4 = 99	66 + 2 = 68	84 + 1 = 85

Aufgabe 3:

7 + 2 = 9	2 + 2 = 4	3 + 5 = 8
57 + 2 = 59	82 + 2 = 84	33 + 5 = 38
5 + 5 = 10	6 + 4 = 10	2 + 8 = 10
45 + 5 = 50	76 + 4 = 80	32 + 8 = 40

Lösung Seite 47

Aufgabe 1:

6 – 4 = 2 | 16 – 4 = 12 | 26 – 4 = 22 | 36 – 4 = 32

Aufgabe 2:

8 – 3 = 5	7 – 4 = 3	9 – 6 = 3
98 – 3 = 95	57 – 4 = 53	29 – 6 = 23
28 – 3 = 25	77 – 4 = 73	69 – 6 = 63
48 – 3 = 45	87 – 4 = 83	99 – 6 = 93

Aufgabe 3:

8 – 5 = 3	7 – 2 = 5	9 – 8 = 1
58 – 5 = 53	87 – 2 = 85	99 – 8 = 91
10 – 5 = 5	10 – 4 = 6	10 – 7 = 3
50 – 5 = 45	70 – 4 = 66	30 – 7 = 23

Weiterführende Vorschläge

Zum Einüben dieses Aufgabentyps eignen sich die folgenden Spiele:

- „Bewegungsspiel" (siehe Seite 10): Bei diesem Spiel wird jeweils einer Karte mit einer „kleinen Aufgabe" (z. B. 5 + 4) eine Karte mit einer passenden „großen Aufgabe" (z. B. 65 + 4) zugeordnet. Alternativ ist es auch möglich, dass jeweils einer Karte mit einer Plusaufgabe (z. B. 65 + 4) die Karte mit der entsprechenden Umkehraufgabe (z. B. 69 – 4) zugeordnet werden muss.
- „Bingo" (siehe Seite 23): Die Kinder tragen von Ihnen genannte Zahlen in ihren Spielplan ein. Anschließend nennen Sie Aufgaben, die diese Zahlen als Ergebnis haben, und die Kinder kreuzen die Ergebnisse an. Wer als Erster eine waagrechte, senkrechte oder diagonale Reihe ankreuzen kann, gewinnt.

Lerninhalte
- Verdoppeln und Halbieren von Zahlen
- Unterscheiden von geraden und ungeraden Zahlen

KV Seite 48/49

Das Doppelte
Die Hälfte

Um die Begriffe „das Doppelte“ bzw. „die Hälfte“ zu veranschaulichen, zeichnen die Kinder zunächst jeweils entsprechend viele Kreise dazu bzw. streichen sie weg. Da das Verdoppeln und Halbieren zunächst auf Zehnerzahlen beschränkt ist, ist hier nur das „Umwechseln“ von zwei Fünfern in einen Zehner bzw. umgekehrt erforderlich.

Das Verdoppeln von Zehnerzahlen erfolgt analog dem Verdoppeln von Einern, das den Schülern bereits bekannt ist: 3 + 3 = 6 → 30 + 30 = 60. Beim Verdoppeln von Zahlen mit dem Einer 5 werden die beiden Fünfer in einen Zehner „umgewechselt“:
15 + 15 = 10 + 10 + (5 + 5) = 10 + 10 + 10 = 30

Das Halbieren von Zehnerzahlen mit gerader Zehnerziffer erfolgt ebenfalls analog zum Halbieren von geraden Einern: 4 = 2 + 2 → 40 = 20 + 20. Hat eine Zehnerzahl jedoch eine ungerade Zehnerziffer, so muss vor dem Halbieren ein Zehner in zwei Fünfer umgewechselt werden:
50 = 20 + 20 + 10 = 20 + 20 + (5 + 5)
= (20 + 5) + (20 + 5) = 25 + 25.

Da das automatisierte Verdoppeln und Halbieren von Zehnerzahlen für das Rechnen in größeren Zahlenräumen grundlegend wichtig ist, sollten sich die Kinder diese Aufgaben einprägen.

Lösung Seite 48
Aufgabe 1:
20 + 20 = 40   40 + 40 = 80
15 + 15 = 30   35 + 35 = 70

Aufgabe 2:

10	15	20	25	30	35	40	45	50
20	30	40	50	60	70	80	90	100

Lösung Seite 49
Aufgabe 1:
60 = 30 + 30   50 = 25 + 25
100 = 50 + 50   90 = 45 + 45

Aufgabe 2:

10	20	30	40	50	60	70	80	90	100
5	10	15	20	25	30	35	40	45	50

KV Seite 50

Gerade und ungerade Zahlen

Wiederholen Sie die aus dem ersten Schuljahr bekannte Unterscheidung von geraden und ungeraden Zahlen anhand der Darstellung eines Beispiels in einer sogenannten Doppelreihe:

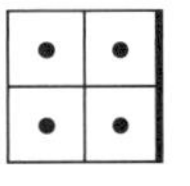

gerader Strich am Ende
→ gerade Zahl
10 = 5 + 5

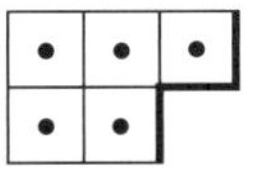

kein gerader Strich am Ende
→ ungerade Zahl
11 = 5 + 5 + 1

Die Kinder stellen fest, dass man an der Einerziffer erkennen kann, ob eine Zahl gerade oder ungerade ist und übertragen dieses Wissen auf den Zahlenraum bis 100. Sie tragen nur die geraden Zahlen in die Hundertertafel ein und begreifen, dass jede gerade Zahl die Nachbarzahl einer ungeraden Zahl ist und umgekehrt. Diese Erkenntnis ist eine wichtige Voraussetzung für das spätere Halbieren, da sich nur gerade Zahlen halbieren lassen.

Lösung
Aufgabe 2:
a) Gerade Zahlen haben diese Einerziffern: 0, 2, 4, 6, 8
b) Ungerade Zahlen haben diese Einerziffern: 1, 3, 5, 7, 9

Weiterführender Vorschlag
Um die Unterscheidung von geraden und ungeraden Zahlen zu üben, werfen je zwei Kinder abwechselnd zwei Würfel und bilden aus den Augenzahlen zweistellige Zahlen. Für jede gerade Zahl wird ein Strich notiert. Ein Kind würfelt z. B. eine Fünf und eine Zwei, bildet daraus die gerade Zahl 52 (nicht 25) und notiert einen Strich. Der Partner würfelt z. B. eine Drei und eine Drei. Er kann keine gerade Zahl bilden und darf deshalb keinen Strich notieren. Der jeweils fünfte Strich wird als Querstrich gesetzt. Wer konnte die meisten geraden Zahlen würfeln?

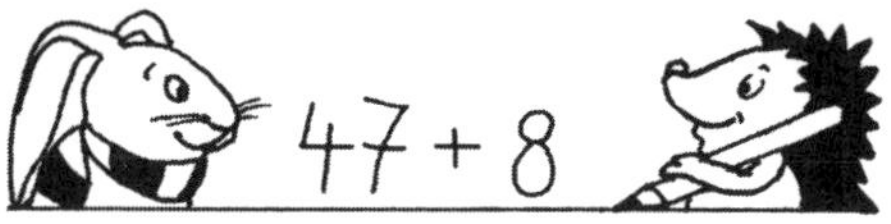

Lerninhalt

- Addieren und Subtrahieren einstelliger Zahlen mit Zehnerübergang

KV Seite 51–53

Plusaufgaben mit Zehnerübergang
Minusaufgaben mit Zehnerübergang
Plus und minus über den Zehner

Als Vorarbeit für das Addieren und Subtrahieren mit Zehnerübergang sollten sowohl das Ergänzen auf den folgenden Zehner (z. B.: 47 + □ = 50) als auch das Vermindern zum vorhergehenden Zehner (z. B.: 47 – □ = 40) in Kopfrechenphasen intensiv wiederholt werden.

Zu Beginn wird das Addieren mit einstelligen Zahlen im Zahlenraum bis 20 mit den bereits bekannten Rechenschritten wiederholt: „Ich zerlege die zweite Zahl so, dass sie zusammen mit der ersten Zahl ein Zehnerpaar ergibt, und fülle den Zehner auf. Ich zähle die übrigen Einer dazu." Das Rechen im Zahlenraum bis 100 erfolgt dann analog: $38 + 5 = (38 + 2) + 3 = 40 + 3 = 43$.

Auch für das Subtrahieren mit einstelligen Zahlen werden zunächst die Rechenschritte am Beispiel des Zahlenraums bis 20 wiederholt: „Ich zerlege die zweite Zahl so, dass sie zusammen mit der ersten Zahl ein Zehnerpaar ergibt, und rechne zum Zehner zurück. Ich nehme die übrigen Einer weg." Im Zahlenraum bis 100 wird analog dazu gerechnet: $43 - 5 = (43 - 3) - 2 = 40 - 2 = 38$.

Für Kinder mit Lernschwierigkeiten ist es hilfreich, wenn sie zu allen Aufgaben anschauliche „Kästchenbilder" oder Strich-Punkt-Zahlen in ihr Heft zeichnen, z. B. zur Aufgabe 27 + 9:

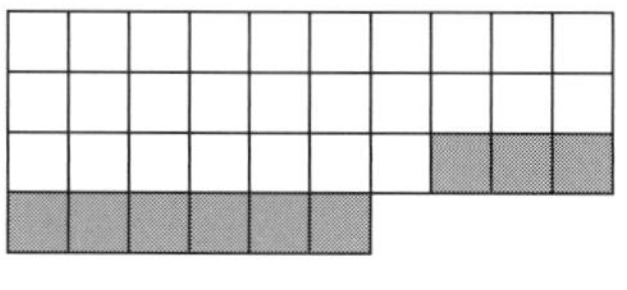

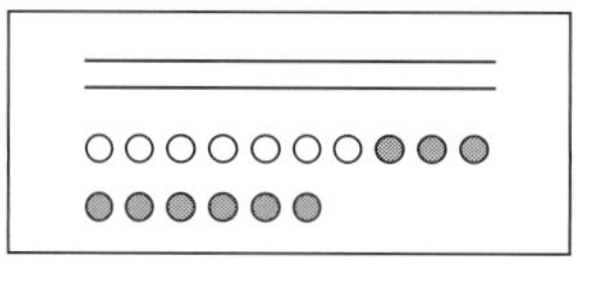

Lösung Seite 51

Aufgabe 1:

① Ich zerlege die zweite Zahl.
② Ich fülle den Zehner auf.
③ Ich zähle die übrigen Einer dazu.

Aufgabe 2:

$29 + 6 = \boxed{29 + 1} + 5 = 35$
$55 + 9 = \boxed{55 + 5} + 4 = 64$
$76 + 8 = \boxed{76 + 4} + 4 = 84$
$87 + 5 = \boxed{87 + 3} + 2 = 92$
$38 + 4 = \boxed{38 + 2} + 2 = 42$

Lösung Seite 52

Aufgabe 2:

① Ich zerlege die zweite Zahl.
② Ich rechne zum Zehner zurück.
③ Ich nehme die übrigen Einer weg.

Aufgabe 3:

$54 - 6 = \boxed{54 - 4} - 2 = 48$
$63 - 8 = \boxed{63 - 3} - 5 = 55$
$91 - 4 = \boxed{91 - 1} - 3 = 87$
$87 - 9 = \boxed{87 - 7} - 2 = 78$
$85 - 7 = \boxed{85 - 5} - 2 = 78$

Lösung Seite 53

Aufgabe 1:

47 + 7 = 47 + 3 + 4 = 54	23 + 8 = 23 + 7 + 1 = 31
72 + 9 = 72 + 8 + 1 = 81	36 + 6 = 36 + 4 + 2 = 42

Aufgabe 2:

5 + 7 = 12	6 + 8 = 14	8 + 3 = 11
75 + 7 = 82	16 + 8 = 24	48 + 3 = 51
25 + 7 = 32	86 + 8 = 94	58 + 3 = 61

Aufgabe 3:

83 – 8 = 83 – 3 – 5 = 75	61 – 4 = 61 – 1 – 3 = 57
34 – 7 = 34 – 4 – 3 = 27	37 – 9 = 37 – 7 – 2 = 28

Aufgabe 4:

11 – 3 = 8	12 – 8 = 4	17 – 9 = 8
61 – 3 = 58	42 – 8 = 34	27 – 9 = 18
51 – 3 = 48	72 – 8 = 64	97 – 9 = 88

Weiterführende Vorschläge

- Bei der Erarbeitung von Addition und Subtraktion von einstelligen Zahlen mit Zehnerübergang sollte auf eine bewusste und schrittweise Steigerung des Schwierigkeitsgrades der Aufgaben geachtet werden. Wählen Sie die verwendeten Zahlen in folgender Reihenfolge:
  a) Zahlen mit wechselnder Zehnerziffer und gleicher Einerziffer + gleicher Einer (gleiche Zerlegung)
  b) Zahlen mit gleicher Zehnerziffer und gleicher Einerziffer + wechselnder Einer
  c) Zahlen mit gleicher Zehnerziffer und wechselnder Einerziffer + wechselnder Einer
  d) Zahlen mit wechselnder Zehner- und Einerziffer + wechselnder Einer
- Zu jeder Aufgabe bilden die Kinder die dazugehörende Tauschaufgabe und die entsprechenden Umkehraufgaben und stellen damit „Aufgabenfamilien" zusammen.

Lerninhalte
- Bilden und Fortsetzen von Zahlenfolgen
- Üben von Addition und Subtraktion mit Zehnern und einstelligen Zahlen

KV Seite 54/55

Zahlenfolgen
Rechenmauern

Die jeweils erste Aufgabe auf beiden Kopiervorlagen zeigt die Verbindung von Zahlen und Mustern auf und verdeutlicht damit den Zusammenhang zwischen Arithmetik und Geometrie. Lassen Sie die Schüler zunächst versuchen, die Aufgaben gedanklich zu lösen. Decken Sie dafür auf einer Folie nur die ersten drei Schritte der Zahlenfolgen von Seite 54 auf, damit die Kinder die Regel zum Fortsetzen der Muster erkennen können. Zeigen Sie dann das letzte Bild und lassen Sie die Kinder schätzen, aus wie vielen Kästchen die „Treppe" besteht, wenn sie sieben Kästchen hoch ist. Die Kinder können die „Treppe" in ihrem Heft auch noch um zwei Stufen erweitert zeichnen. Während auf Seite 54 die Zahlen von 1 bis 7 der Reihe nach dazukommen, werden auf Seite 55 jeweils die ungeraden Zahlen von 1 bis 15 dazugezählt. Die Kinder berechnen die Anzahl der Kästchen und zeichnen die „Doppeltreppen" auf die Kopiervorlage und in ihr Heft.

Bei der zweiten Aufgabe auf Seite 54 finden die Kinder anhand der vorgegebenen Zahlen die Regeln der Zahlenfolgen heraus und setzen diese fort.

Auf Seite 55 können die Kinder in Aufgabe 3 die Regel für die Erstellung von Rechenmauern anhand von zwei Beispielen herausfinden: Die beiden unteren Zahlen ergeben zusammengezählt die Zahl darüber. Die fehlenden Zahlen sind jeweils durch Ergänzen zu bestimmen: 10 + ☐ = 14.

In der vierten Aufgabe sind die fehlenden Zahlen bereits vorgegeben, was einerseits das Bauen der Rechenmauern erleichtert und andererseits der Selbstkontrolle dient.

Lösung Seite 54

Aufgabe 1:

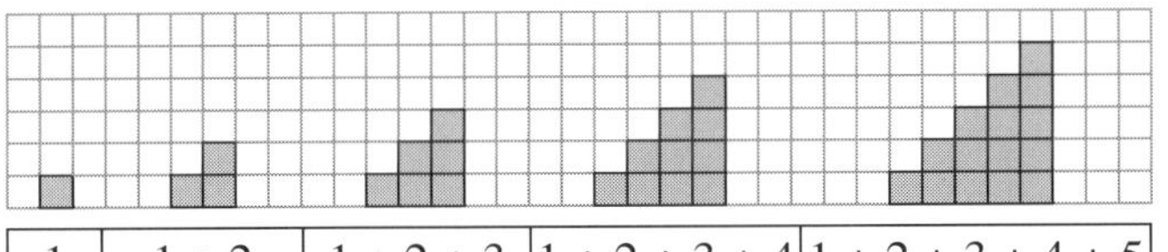

1 **1**	1 + 2 **3**	1 + 2 + 3 **6**	1 + 2 + 3 + 4 **10**	1 + 2 + 3 + 4 + 5 **15**

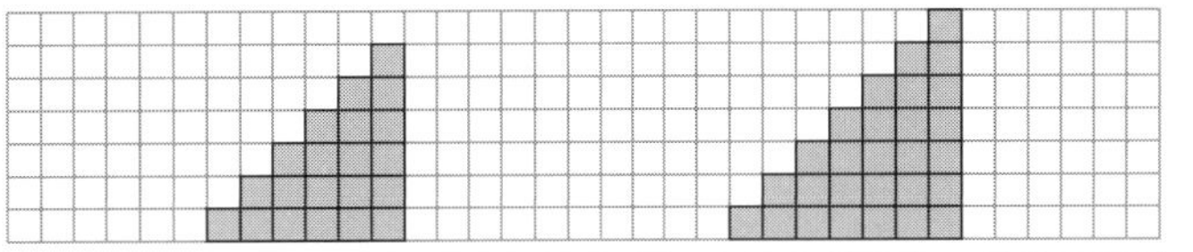

1 + 2 + 3 + 4 + 5 + 6 **21**	1 + 2 + 3 + 4 + 5 + 6 + 7 **28**

Aufgabe 2:

(+ 10) (+ 10) (+ 10) (+ 10) (+ 10) (+ 10)
10 20 30 40 50 60 70

(– 3) (– 3) (– 3) (– 3) (– 3) (– 3)
57 54 51 48 45 42 39

(– 5) (– 10) (– 5) (– 10) (– 5) (– 10)
86 81 71 66 56 51 41

(+ 5) (– 2) (+ 5) (– 2) (+ 5) (– 2)
2 7 5 10 8 13 11

Lösung Seite 55

Aufgabe 1:

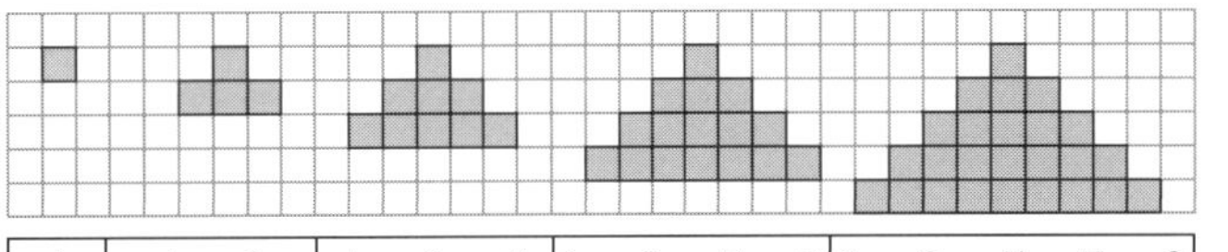

1 **1**	1 + 3 **4**	1 + 3 + 5 **9**	1 + 3 + 5 + 7 **16**	1 + 3 + 5 + 7 + 9 **25**

Aufgabe 2:

1 + 3 + 5 + 7 + 9 + 11 = 36
1 + 3 + 5 + 7 + 9 + 11 + 13 = 49
1 + 3 + 5 + 7 + 9 + 11 + 13 + 15 = 64

Aufgabe 3:

Aufgabe 4:

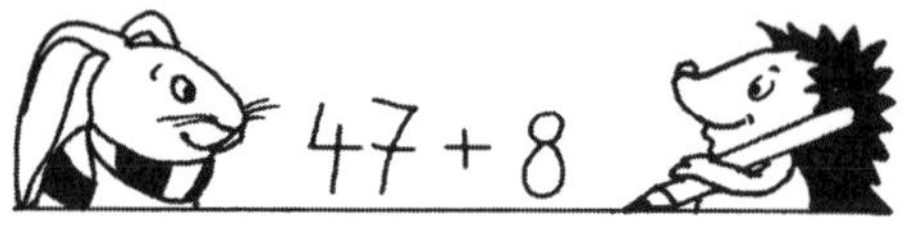

Name:

Plusaufgaben mit Zehnern

1. Immer 10 weiter. Zeichne weiter und trage die Zahlen ein.

Auf welche Zahl kommst du …

… mit drei Zehnersprüngen? 28 + 30 = ☐

… mit fünf Zehnersprüngen? 28 + 50 = ☐

… mit sieben Zehnersprüngen? 28 + 70 = ☐

2. Zähle die Zehner dazu.

3	4	+	1	0	=		
3	4	+	5	0	=		
3	4	+	3	0	=		
3	4	+	6	0	=		

4	2	+	3	0	=		
4	6	+	3	0	=		
4	9	+	3	0	=		
4	3	+	3	0	=		

4	2	+	4	0	=		
4	6	+	2	0	=		
4	9	+	5	0	=		
4	3	+	1	0	=		

4	1	+	5	0	=		
6	2	+	2	0	=		
2	9	+	7	0	=		
8	5	+	1	0	=		

5	1	+	4	0	=		
2	6	+	6	0	=		
4	4	+	4	0	=		
3	5	+	5	0	=		

1	9	+	7	0	=		
3	7	+	2	0	=		
4	7	+	4	0	=		
5	6	+	3	0	=		

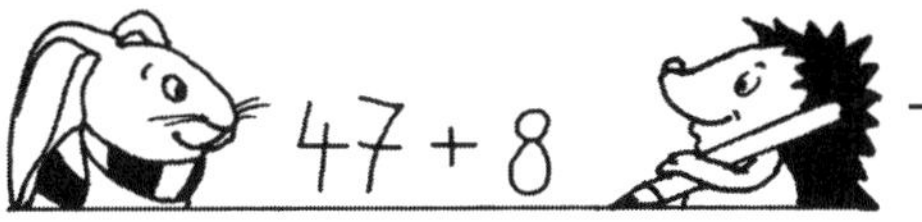

Name:

Minusaufgaben mit Zehnern

1. Immer 10 zurück. Zeichne weiter und trage die Zahlen ein.

Auf welche Zahl kommst du …

… mit drei Zehnersprüngen? 96 – 30 = ☐

… mit fünf Zehnersprüngen? 96 – 50 = ☐

… mit sieben Zehnersprüngen? 96 – 70 = ☐

2. Ziehe die Zehner ab.

8	7	–	1	0	=		
8	7	–	2	0	=		
8	7	–	4	0	=		
8	7	–	5	0	=		

7	2	–	5	0	=		
7	5	–	5	0	=		
7	7	–	5	0	=		
7	9	–	5	0	=		

7	2	–	3	0	=		
7	5	–	6	0	=		
7	7	–	4	0	=		
7	9	–	2	0	=		

9	1	–	2	0	=		
6	3	–	3	0	=		
5	8	–	5	0	=		
3	2	–	1	0	=		

8	4	–	7	0	=		
5	5	–	4	0	=		
9	7	–	5	0	=		
7	6	–	3	0	=		

7	4	–	5	0	=		
8	7	–	6	0	=		
9	2	–	3	0	=		
4	6	–	2	0	=		

Name:

Plusaufgaben mit Einern

1. Rechne.

	—	— —	— — —
○○○○● ●●	○○○○● ●●	○○○○● ●●	○○○○● ●●
4 + 3 = ☐	14 + 3 = ☐	24 + 3 = ☐	34 + 3 = ☐

2. Welche großen Aufgaben passen zu den kleinen Aufgaben? Schreibe sie darunter und rechne.

64 + 1 | ~~75 + 4~~ | 46 + 2 | 35 + 4 | 54 + 1 | 26 + 2 | 66 + 2 | 84 + 1 | 95 + 4

5 + 4 =
75 + 4 =

6 + 2 =

4 + 1 =

3. Schreibe die kleine Aufgabe darüber und rechne.

7 + 2 =
57 + 2 =

82 + 2 =

33 + 5 =

45 + 5 =

76 + 4 =

32 + 8 =

Name:

Minusaufgaben mit Einern

Rechne auch bei Minusaufgaben die kleinen Aufgaben ohne die Zehner.

1. Rechne.

	———	═══	≡≡≡
○○∅∅∅ ∅	○○∅∅∅ ∅	○○∅∅∅ ∅	○○∅∅∅ ∅
6 − 4 = ☐	16 − 4 = ☐	26 − 4 = ☐	36 − 4 = ☐

2. Welche großen Aufgaben passen zu den kleinen Aufgaben? Schreibe sie darunter und rechne.

~~98 − 3~~ 29 − 6 77 − 4 48 − 3 87 − 4

57 − 4 28 − 3 69 − 6 99 − 6

	8	−	3	=		
9	8	−	3	=		

	7	−	4	=		

	9	−	6	=		

3. Schreibe die kleine Aufgabe darüber und rechne.

	8	−	5	=		
5	8	−	5	=		

8	7	−	2	=		

9	9	−	8	=		

5	0	−	5	=		

7	0	−	4	=		

3	0	−	7	=		

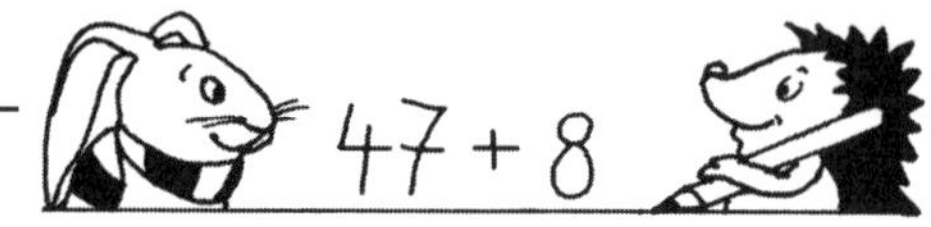

Name:

Das Doppelte

Du hast auch Eier besorgt? Jetzt haben wir doppelt so viele, wie wir brauchen.

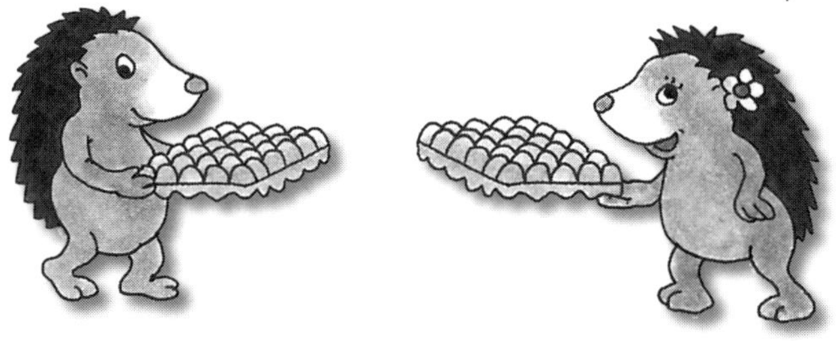

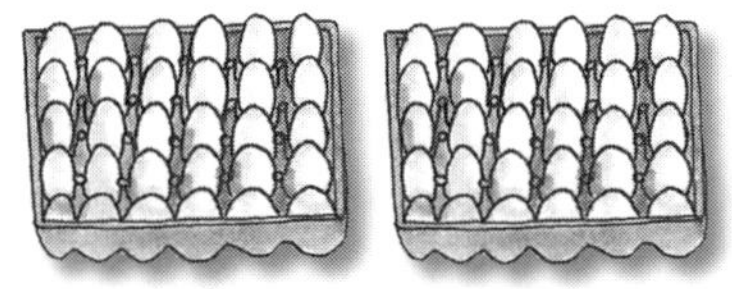

30 + 30 = ☐

1. Verdopple und zeichne das Gleiche noch einmal daneben. Rechne.

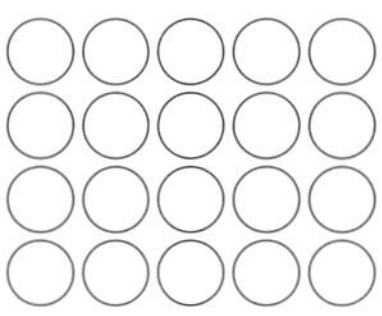

20 + ☐ = ☐

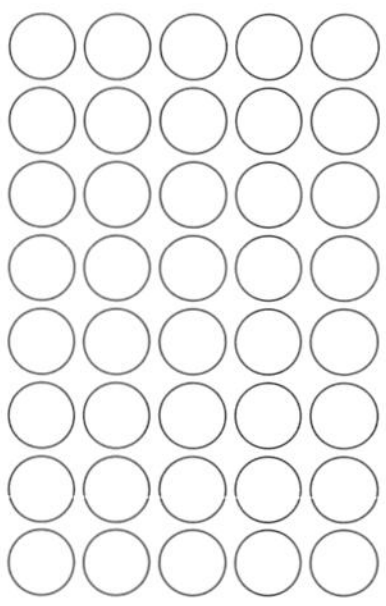

40 + ☐ = ☐

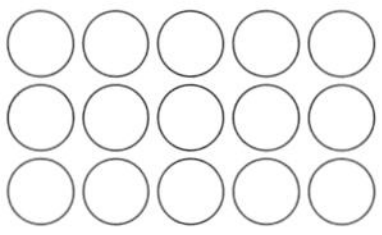

15 + ☐ = ☐

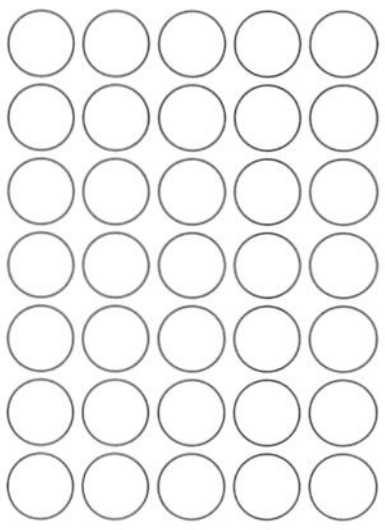

35 + ☐ = ☐

2. Schreibe das Doppelte auf. Lerne auswendig.

Zahl	10	15	20	25	30	35	40	45	50
das Doppelte	*20*								

Name:

Die Hälfte

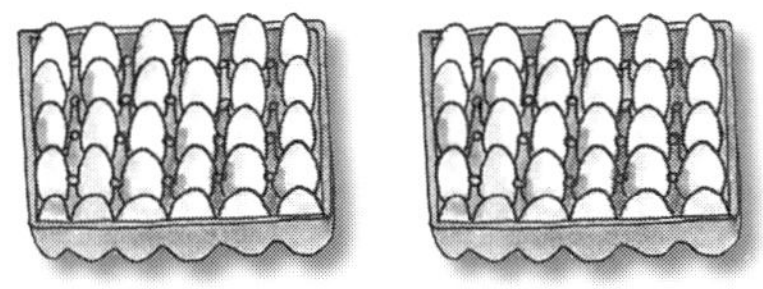

60 = ☐ + ☐

1. Kreise die Hälfte ein und rechne.

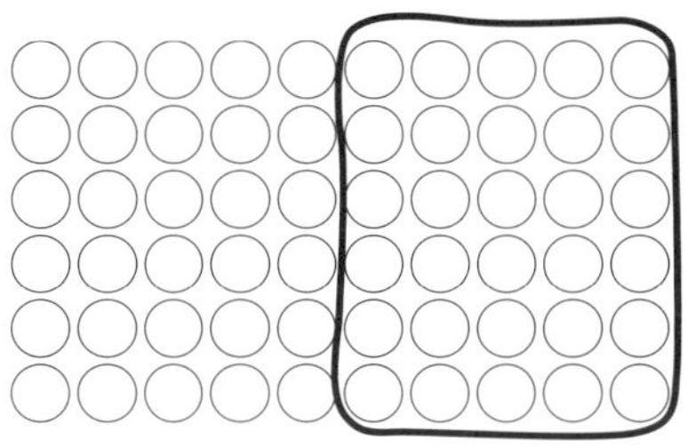

60 = ☐ + ☐

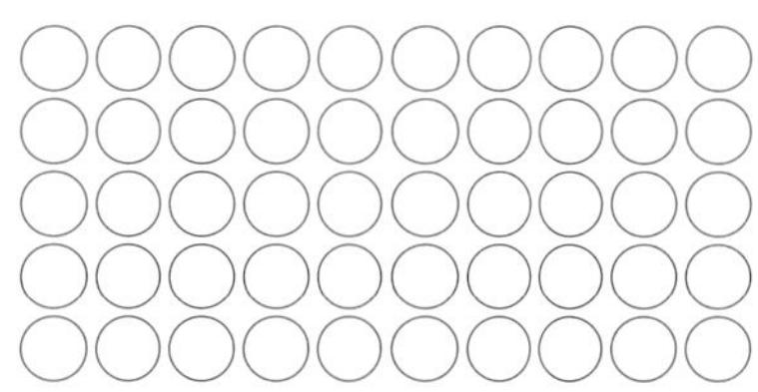

50 = ☐ + ☐

100 = ☐ + ☐

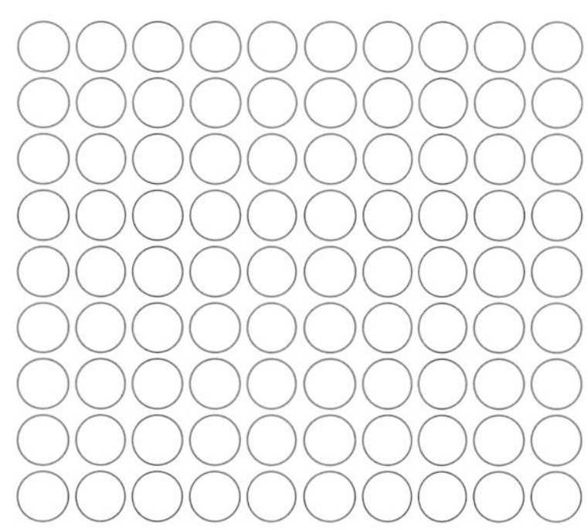

90 = ☐ + ☐

2. Schreibe die Hälfte auf. Lerne auswendig.

Zahl	10	20	30	40	50	60	70	80	90	100
die Hälfte	*5*									

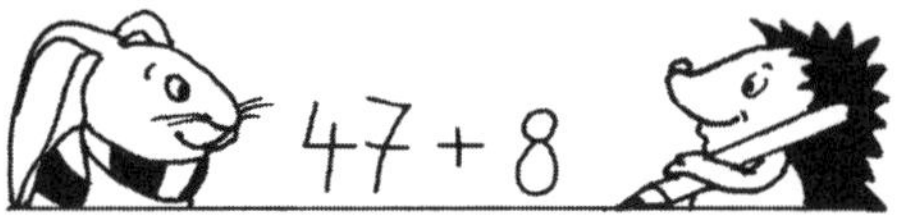

Name:

Gerade und ungerade Zahlen

1. Rahme die geraden Zahlen rot ein.

1	2	3	4	5	6	7	8	9	10	11	12	13	14	15	16	17	18	19	20

2. Schreibe auf.

a) Gerade Zahlen haben diese Einerziffern: ☐, ☐, ☐, ☐, ☐

b) Ungerade Zahlen haben diese Einerziffern: ☐, ☐, ☐, ☐, ☐

3. Trage nur die geraden Zahlen in die Hundertertafel ein.

	2		4		6		8		10
	12								20

Name:

Plusaufgaben mit Zehnerübergang

8 + 5?
Das ist ja wirklich nicht schwer!

Genauso leicht geht's mit großen Zahlen.

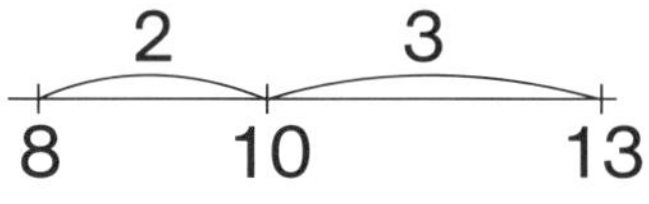

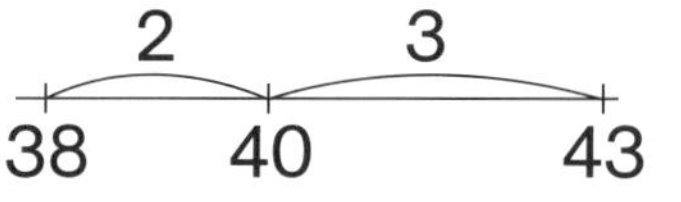

8 + 5 = ☐

2 3

8 + 2

10 + 3 = ☐

38 + 5 = ☐

2 3

38 + 2

40 + 3 = ☐

1. Bringe die Sätze in die richtige Reihenfolge.

◯ Ich fülle den Zehner auf.

◯ Ich zähle die übrigen Einer dazu.

◯ Ich zerlege die zweite Zahl.

2. Zeichne die Rechenschritte an den Rechenstrich und rechne.

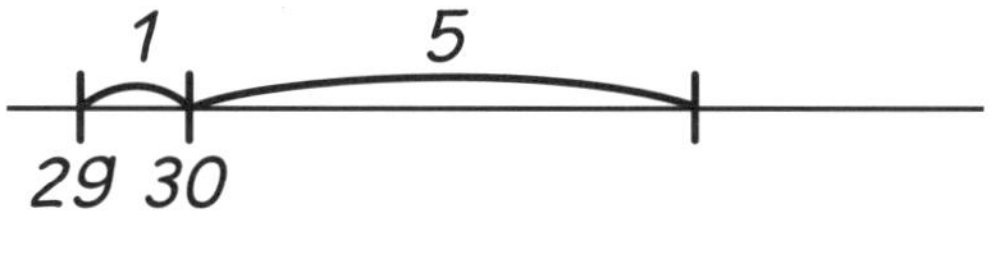

29 + 6 = [29 + 1] + [5] = ☐

55 + 9 = ☐ + ☐ = ☐

76 + 8 = ☐ + ☐ = ☐

87 + 5 = ☐ + ☐ = ☐

38 + 4 = ☐ + ☐ = ☐

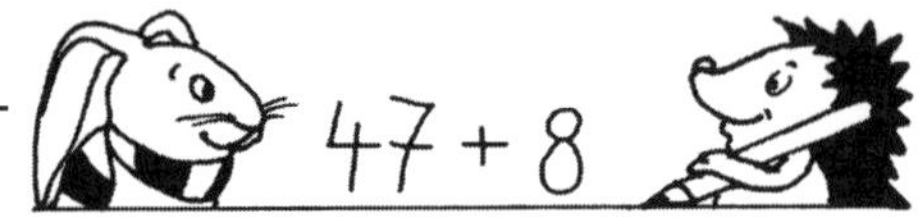

Name:

Minusaufgaben mit Zehnerübergang

13 – 5?
Das Ganze halt
einfach rückwärts.

Auch hier geht's
mit großen Zahlen
genauso.

2 3
8 10 13

13 – 5 = ☐
3 2

13 – 3
10 – 2 = ☐

2 3
38 40 43

43 – 5 = ☐
3 2

43 – 3
40 – 2 = ☐

1. Bringe die Sätze in die richtige Reihenfolge.

◯ Ich nehme die übrigen Einer weg.

◯ Ich zerlege die zweite Zahl.

◯ Ich rechne zum Zehner zurück.

2. Zeichne die Rechenschritte an den Rechenstrich und rechne.

2 4
50 54

54 – 6 = 54 – 4 – 2 = ☐

63 – 8 = ☐ – ☐ = ☐

91 – 4 = ☐ – ☐ = ☐

87 – 9 = ☐ – ☐ = ☐

85 – 7 = ☐ – ☐ = ☐

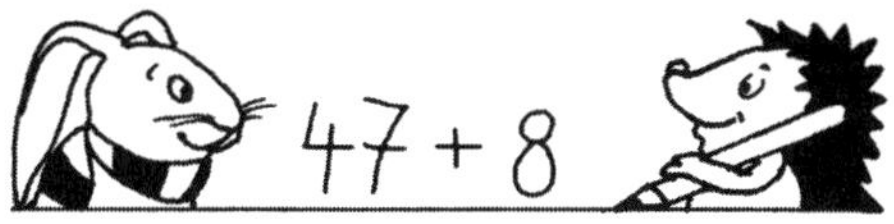

Name:

Plus und minus über den Zehner

1. Schreibe die Rechenschritte auf und rechne.

4	7	+	7	=									
7	2	+	9	=									

2	3	+	8	=									
3	6	+	6	=									

2. Ordne die großen Aufgaben den kleinen Aufgaben zu. Schreibe sie darunter und rechne.

48 + 3 ~~75 + 7~~ 58 + 3 25 + 7 86 + 8 16 + 8

	5	+	7	=		
7	5	+	7	=		

	6	+	8	=		

	8	+	3	=		

3. Schreibe die Rechenschritte auf und rechne.

8	3	−	8	=									
3	4	−	7	=									

6	1	−	4	=									
3	7	−	9	=									

4. Ordne die großen Aufgaben den kleinen Aufgaben zu. Schreibe sie darunter und rechne.

~~61 − 3~~ 97 − 9 72 − 8 42 − 8 27 − 9 51 − 3

1	1	−	3	=		
6	1	−	3	=		

1	2	−	8	=		

1	7	−	9	=		

Name:

Zahlenfolgen

1. Wie geht es weiter? Male die Kästchen so aus, dass das Bild zur Aufgabe passt.

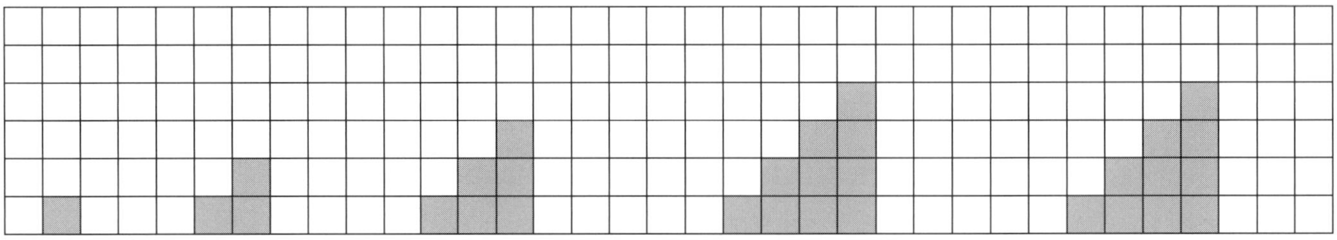

1 → 1

1 + 2 → 3

1 + 2 + 3 → ☐

1 + 2 + 3 + 4 → ☐

1 + 2 + 3 + 4 + ☐ → ☐

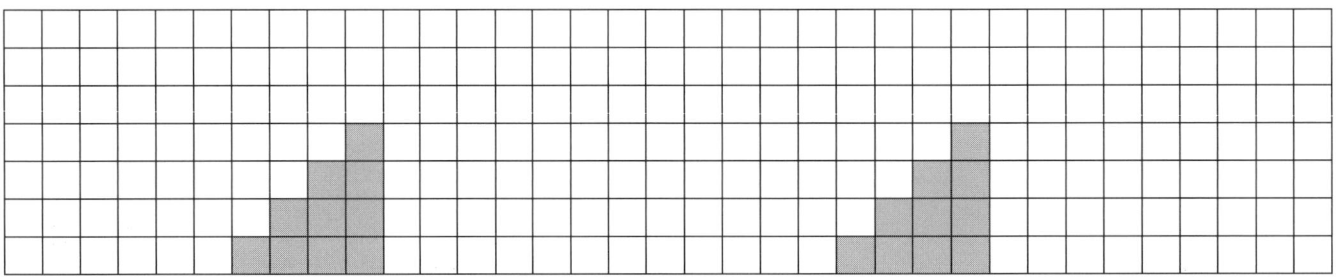

1 + 2 + 3 + 4 + ☐ + ☐ → ☐

1 + 2 + 3 + 4 + ☐ + ☐ + ☐ → ☐

2. Finde die Regel und ergänze.

(+10)
10 20 30 ☐ ☐ ☐ 70

( )
57 54 51 ☐ ☐ ☐ 39

( ) ( )
86 81 71 ☐ ☐ ☐ 41

( ) ( )
2 7 5 10 8 ☐ ☐

Name:

Rechenmauern

1. Wie geht es weiter? Male die Kästchen so aus, dass das Bild zur Aufgabe passt.

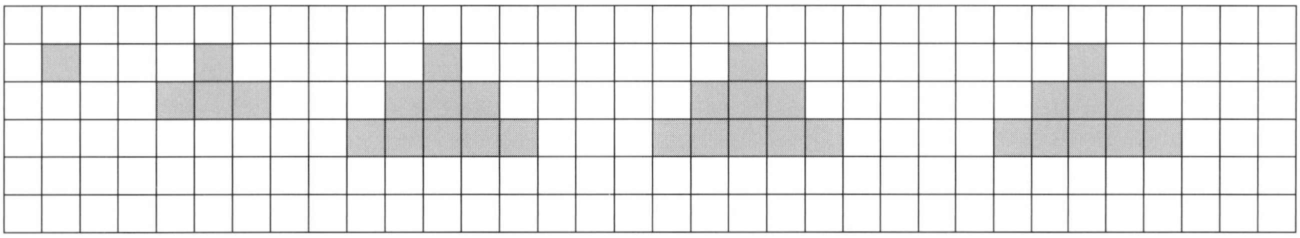

1   1 + 3   1 + 3 + 5   1 + 3 + 5 + ☐   1 + 3 + 5 + ☐ + ☐

1   4   ☐   ☐   ☐

2. Ergänze. Male die Kästchen zu den Aufgaben in dein Heft.

1 + 3 + 5 + ☐ + ☐ + ☐ = ☐

1 + 3 + 5 + ☐ + ☐ + ☐ + ☐ = ☐

1 + 3 + 5 + ☐ + ☐ + ☐ + ☐ + ☐ = ☐

3. Finde die Bauregel der Rechenmauern heraus. Ergänze.

4. Setze die fehlenden Zahlen ein.

45   30   85   54   90   24   20   32   15

4. Kapitel: Multiplikation und Division

Vorbemerkung

Nachdem die Schüler bereits zahlreiche Erfahrungen mit der Addition und der Subtraktion gesammelt haben, lernen sie nun die Multiplikation und die Division als neue Rechenoperationen kennen. Die Multiplikation wird als verkürzte Addition mit gleichen Summanden eingeführt, die Division wird als Zerlegung in Teilmengen gleicher Größe verstanden.

Im zweiten Schuljahr sind nur die Einmaleinssätze mit 1, 2, 5 und 10 sowie die Quadratsätze beim Kopfrechnen zu automatisieren. Die Kinder lernen jedoch verschiedene Rechenstrategien kennen, mit deren Hilfe sie sich die Ergebnisse aller weiteren Einmaleinssätze ableiten können. Das Anwenden solcher Strategien fällt jedoch gerade Kindern mit Lernproblemen schwer, da viele Rechenschritte im Kopf zu vollziehen sind.

Aufgaben zur Division werden als Umkehraufgaben der Multiplikation gelöst. Aufgaben, bei denen beim Teilen ein Rest bleibt, werden von Anfang an einbezogen, da sie im Alltag eine große Rolle spielen.

Hinweise zu den Kopiervorlagen

Lerninhalte
- Verstehen der Malaufgabe als vereinfachte Kurzschreibweise der „langen" Plusaufgabe
- Darstellen der Multiplikation als verkürzte Addition mit gleichen Summanden
- Zeichnerisches Darstellen der Multiplikation

Der Multiplikation liegen verschiedene Vorstellungen zugrunde, die die Schüler bei konkreten Modellhandlungen kennenlernen:
- Der räumlich-simultane Aspekt zeigt sich, wenn gleichartige und gleich große Mengen zusammengefasst werden, z. B. drei Stapel mit je fünf Büchern.
- Der zeitlich-sukzessive Aspekt zeigt sich bei gleichartigen Handlungen, z. B. dreimal hintereinander werden je fünf Bücher geholt.

Diese Handlungen lassen sich jeweils als Plusaufgabe notieren, z. B. $5 + 5 + 5 = 15$, oder kurz als Malaufgabe, z. B. $3 \cdot 5 = 15$. Der Faktor 3 gibt die Anzahl der Summanden (Teilmengen) an, der Faktor 5 beschreibt den Summanden selbst (Größe einer Teilmenge).

KV Seite 63

Plusaufgaben mit gleichen Zahlen

Als Vorarbeit sammeln die Schüler für einen Ausstellungstisch verschiedene Verpackungen mit multiplikativer Struktur, z. B. Eierkartons, Pralinen- und Keksschachteln, Eiswürfelbereiter, Getränkekasten ... An einem Beispiel wird besprochen, wie man die Anzahl der darin enthaltenen Einzeldinge schnell zählen kann.

Auf der Kopiervorlage nennt der Hase zum Berechnen der Anzahl der Herzen die „lange" und umständliche Plusaufgabe. Die Erklärung des Igels: „Es sind vier Reihen. In jeder Reihe sind fünf Herzen. Es sind also vier Fünferreihen." führt zu einem einfacheren Rechenweg. Daraus ergibt sich als neue Rechenoperation die Malaufgabe: „Zwei Fünfer sind ein Zehner, vier Fünfer sind zwei Zehner, also: $4 \cdot 5 = 20$." Für die Sprechweise „mal" wird der Malpunkt als neues Rechenzeichen eingeführt.

Bei der ersten Aufgabe bilden die Kinder die Malaufgabe jeweils mithilfe der Plusaufgabe und berechnen das Ergebnis. Schließlich ordnen die Kinder den Abbildungen die richtige Gleichung zu und zeigen dabei ihr operatives Verständnis.

Lösung
Aufgabe 2:

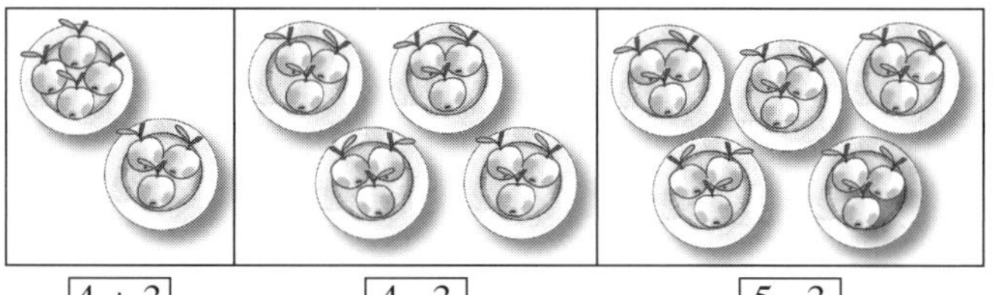

$4 + 3$ | $4 \cdot 3$ | $5 \cdot 3$

Weiterführende Vorschläge
- Die Kinder finden im Klassenzimmer, im Schulhaus und in der Sporthalle Dinge, die das Formulieren einer Malaufgabe ermöglichen, z. B. ein Regal mit 3 mal 4 Fächern, 3 Beutel mit je 5 Bällen.
- Als Hausaufgabe sammeln die Kinder für den Ausstellungstisch zu den Malaufgaben weitere Dinge, z. B. Malkasten, Tafel Schokolade, Schachspiel, Packung mit Teelichtern. Auch passende Abbildungen aus Katalogen, Zeitschriften und Verkaufsprospekten können dazugelegt werden.
- Als fächerübergreifende Aktivität in Verbindung mit dem Kunstunterricht stellen die Kinder mit Korkdruck „Malaufgabenbilder" her.

KV Seite 64

Zu Malaufgaben zeichnen

Auf der Kopiervorlage lernen die Kinder für Malaufgaben zwei unterschiedliche grafische Darstellungsweisen kennen, die sie anschließend selbstständig fortführen. Bei der ersten Aufgabe malen sie die Augen auf die Würfel, bei der zweiten Aufgabe rahmen sie die entsprechende Anzahl von Punkten ein. Beide Aufgaben werden mithilfe der Plusaufgabe gelöst, die zunächst noch aufgeschrieben werden sollte.

Man unterscheidet folgende Darstellungsweisen für Malaufgaben:

- ungeordnete Mengenbilder:

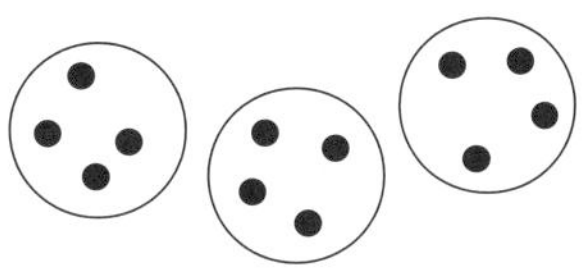

- geordnete Zahlbilder und Muster wie z. B. auf Spielwürfeln:

- linear angeordnete Zahlbilder:

- Felder:

Die Darstellung als Feld hat den Vorteil, dass nicht nur Größe und Anzahl der Teilmengen auf einen Blick erkennbar sind, sondern dass sie auch den Zusammenhang mit der Tauschaufgabe zeigt.

Lerninhalte
- Beherrschen der Einmaleinssätze 1 · x, 2 · x, 5 · x, 10 · x und der Tauschaufgaben
- Erkennen der Vertauschbarkeit der Faktoren (Tauschaufgabe)
- Beherrschen der Quadrataufgaben
- Malaufgaben mit 0

KV Seite 65

Das Einmaleins mit 1

Am Beispiel des Hasen erkennen die Kinder, dass bei Aufgaben mit „mal 1“ das Ergebnis die Zahl selbst ist. Die Zahl verändert sich nicht. Am Beispiel des Igels wird deutlich, dass das Vertauschen der beiden Faktoren der Malaufgabe zum gleichen Ergebnis führt: Vier Würfe mit je einer Eins sind dasselbe wie ein Wurf mit einer Vier. Bei der zweiten Aufgabe zeichnen die Kinder die Würfelaugen den Aufgaben und Tauschaufgaben entsprechend ein, ergänzen die Tauschaufgabe und rechnen.

KV Seite 66

Das Einmaleins mit 2

Das Beispiel zeigt, dass man einem Malaufgabenfeld allein aufgrund der unterschiedlichen Sichtweise zwei unterschiedliche Malaufgaben entnehmen kann: Durch „Drehen“ wird aus dem 6-mal-2-Feld ein 2-mal-6-Feld. Damit werden nochmals die Tauschaufgaben thematisiert. Das Einmaleins mit 2 ist das Doppelte des Einmaleins mit 1, d. h. das Ergebnis ist jeweils das Doppelte der Ausgangszahl. Wenn die Kinder in der mittleren Spalte der ersten Aufgabe die Ergebnisse betrachten, stellen sie fest, dass alle Vielfachen von 2 („Zweierzahlen“) gerade Zahlen sind, die man halbieren kann. Sie prägen sich die Zweierzahlen ein, sodass sie sie vorwärts und rückwärts aufsagen können.

Die Zerlegung der Zweierzahlen als Malaufgabe stellt einen neuen „langen Zahlnamen“ dar.

Weiterführender Vorschlag

Zur Vertiefung finden die Schüler für die Zweierzahlen verschiedene „lange Zahlnamen“, z. B. für die Zahl 16:
- Zahlnamen mit Plus: 8 + 8, 10 + 6 …
- Zahlnamen mit Minus: 20 – 4, 21 – 5 …
- Zahlnamen mit Mal: 2 · 8, 4 · 4 (mit Plättchen legen!)

KV Seite 67

Das Einmaleins mit 10

Die Malaufgaben mit 10 lassen sich gut auf einer Folie mit dem bekannten Hunderterfeld zeigen: Decken Sie zunächst die Aufgaben x · 10 der Reihe nach von unten her vor- und rückwärts auf und stellen Sie anschließend beliebige Aufgaben. Um die Tauschaufgaben 10 · x zu zeigen, werden von der rechten Seite her Zehnerspalten abgedeckt. Malnehmen mit 10 bedeutet für die Kinder in der Praxis: „Ich hänge an die erste Zahl eine Null an.“

Auf der Kopiervorlage ergänzen die Schüler die Ergebnisse des Einmaleins mit 10, verbinden die Aufgaben mit den entsprechenden Tauschaufgaben und wiederum mit den passenden Ergebnissen.

Die Kinder können das Zehnereinmaleins mithilfe ihrer Hände auch anschaulich darstellen. Ein Kind stellt sich vor die Klasse, zeigt beide Hände mit ausgestreckten Fingern und sagt: „Ich habe zehn Finger. 1 · 10 = 10.“ Ein zweites Kind stellt sich daneben und beide sagen: „Wir haben zusammen 20 Finger. 2 · 10 = 20.“ Auf diese Weise wird die ganze Einmaleinsreihe gesprochen.

KV Seite 68/69

Hände hoch! Das Einmaleins mit 5

Die Aufgaben auf Seite 68 stellen den Zusammenhang zwischen dem Einmaleins mit 10 und dem Einmaleins mit 2 her. Die Zweierzahlen werden wiederholt, indem die Kinder die Zahl der abgebildeten Hände nennen. Dabei werden die weiteren Hände jeweils dazugezählt. Die Zehnerzahlen werden anhand der Zahl der abgebildeten Finger wiederholt.

Auf Seite 69 werden die Fünferzahlen ebenfalls anhand der Zahl der Finger erarbeitet. Das Einmaleins mit 5 wird dann durch Halbieren vom Einmaleins mit 10 abgeleitet. Zur zweiten Aufgabe zeichnen die Kinder mit dem Lineal Zehnerreihen in ihr Heft, die sie mit einem senkrechten Strich halbieren, z. B.: 4 · 10 → 4 · 5

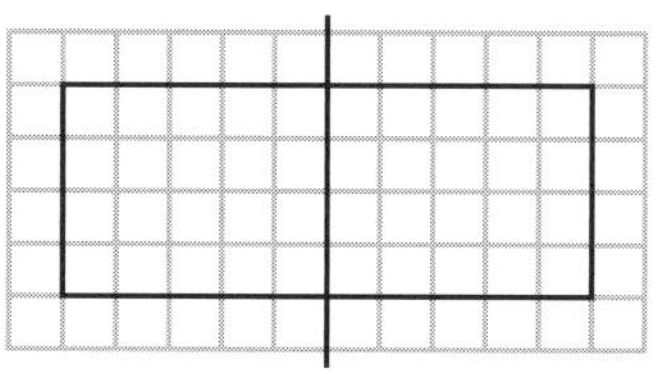

Zu jeder Aufgabe des Einmaleins mit 5 sollte auch die Tauschaufgabe genannt werden. Schließlich prägen sich die Kinder die Fünferzahlen ein, sodass sie sie vor- und rückwärts aufsagen können.

Lösung Seite 68

Aufgabe 1:

10 Kinder strecken ihre Hände hoch: 10 · 2 = 20 Hände

Aufgabe 2:

10 Kinder strecken ihre Finger hoch: 10 · 10 = 100 Finger

KV Seite 70

Quadrataufgaben

Die Kinder lernen die Quadratzahlen als Ergebnisse von Aufgaben mit zwei gleichen Faktoren kennen. Von Quadratzahl zu Quadratzahl wird jeweils die nächste ungerade Zahl dazuaddiert: 1 + 3 = 4; 4 + 5 = 9; 9 + 7 = 16, 16 + 9 = 25 …

Auch die Quadrataufgaben sollten sich die Schüler so gut einprägen, dass sie später zum Ableiten weiterer Aufgaben genutzt werden können.

Bei der ersten Aufgabe können die Kinder die Ergebnisse anschaulich finden, indem sie zu jeder Quadrataufgabe die entsprechende Anzahl Kästchen des Karopapiers einrahmen. Dabei müssen sich die Quadrate aus Platzgründen überschneiden. Anschließend malen die Kinder die Quadratzahlen im Hunderterfeld aus und stellen fest, dass die Zahlen von links oben nach rechts unten eine Diagonale bilden.

Übrigens: Geometrisch lassen sich vier Quadrate immer zu einem größeren Quadrat zusammensetzen. Arithmetisch bedeutet das, dass das Vierfache einer Quadratzahl wieder eine Quadratzahl ist: 4 · 1 = 4; 4 · 4 = 16; 4 · 9 = 36, 4 · 16 = 64; 4 · 25 = 100.

KV Seite 71

Die Einmaleinstafel

Auf der Einmaleinstafel werden die Ergebnisse aller Einmaleinsaufgaben mit einstelligen Zahlen übersichtlich dargestellt. Die Kinder tragen die Ergebnisse der bereits erlernten Einmaleinsreihen ein und malen die Spalten und Zeilen mit den vorgegebenen Farben aus. Farbüberschneidungen zeigen, dass eine Zahl zu mehreren Einmaleinsreihen gehört. Die Quadratzahlen werden eingerahmt. So sehen die Schüler, welche Aufgaben sie bereits auswendig können sollten bzw. eventuell noch üben müssen. Da die Ergebnisse sowohl waagrecht als auch senkrecht eingetragen werden, sind auch die Tauschaufgaben gut erkennbar.

Im Laufe der zweiten Jahrgangsstufe ergänzen die Kinder auf der Einmaleinstafel weitere Ergebnisse, die sie mithilfe verschiedener Rechenstrategien ableiten.

Als Sonderfall sollten auch Malaufgaben mit Null angesprochen werden: „Was passiert, wenn ich eine Zahl mit 0 malnehme bzw. wenn ich 0 mal eine Zahl rechne?“ Bei derartigen Aufgaben kann die Null mit „nichts“ gleich gesetzt werden, d. h. es ist gleichgültig, welche Zahl mit Null multipliziert wird, das Ergebnis bleibt immer Null. Auch dazu sollte eine passende Rechengeschichte gebildet werden.

Weiterführende Vorschläge

- Hängen Sie im Klassenzimmer eine vergrößerte Kopie der Einmaleinstafel mit leeren Feldern auf. Beim täglichen Kopfrechnen zeigen Sie dann wortlos auf ein leeres Feld und die Kinder nennen die zugehörige Malaufgabe mit Ergebnis. Dabei sehen die Schüler nicht nur die genannte Aufgabe, sondern zugleich deren Lage innerhalb einer Reihe (Nachbaraufgaben).
- Zur Vertiefung können Malaufgaben mit Geld veranschaulicht werden. Dafür eignet sich der Einsatz der Kopiervorlage „Malaufgaben mit Geld“ auf Seite 125.

Lerninhalte
- Anwenden von Rechenstrategien beim Lösen von Malaufgaben (Nachbaraufgaben, Verdoppeln, Halbieren)
- Zerlegen „schwieriger“ Malaufgaben in „einfache“ Aufgaben
- Anwenden der Multiplikation im Sachkontext

KV Seite 72

Malaufgaben von Nachbaraufgaben ableiten

Von der Addition im Zahlenraum bis 20 kennen die Kinder bereits die sogenannte Nachbaraufgabe, bei der jeweils eine Zahl um 1 vergrößert oder verkleinert wird, und wissen, dass das Ergebnis jeweils um 1 größer bzw. kleiner ist, z. B.: $5 + 4 \leftarrow 5 + 5 \rightarrow 5 + 6$

Die Punktfelder auf der Kopiervorlage zeigen, dass bei Malaufgaben die kleine Nachbaraufgabe nicht nur einen Punkt, sondern eine ganze Reihe Punkte weniger hat. Die große Nachbaraufgabe hat entsprechend eine Reihe Punkte mehr.

Auf diese Weise wird anschaulich erklärt, wie sich mithilfe der Nachbaraufgaben von den bereits bekannten Einmaleinsreihen weitere Einmaleinsreihen ableiten lassen:
- Das Einmaleins mit 3 über die große Nachbaraufgabe des Einmaleins mit 2: $3 \cdot 6 = \boxed{2 \cdot 6} + \boxed{1 \cdot 6}$
- Das Einmaleins mit 6 über die große Nachbaraufgabe des Einmaleins mit 5: $6 \cdot 6 = \boxed{5 \cdot 6} + \boxed{1 \cdot 6}$
- Das Einmaleins mit 9 über die kleine Nachbaraufgabe des Einmaleins mit 10: $9 \cdot 4 = \boxed{10 \cdot 4} - \boxed{1 \cdot 4}$

Das Einmaleins mit 4 kann auch über die kleine Nachbaraufgabe vom Einmaleins mit 5 abgeleitet werden, allerdings wird dafür auf Seite 73 die Rechenstrategie des Verdoppelns vorgestellt.

Im Anschluss ergänzen die Schüler mit einer weiteren Farbe die Einmaleinstafel auf Seite 71 um die neu hinzugekommenen Ergebnisse.

KV Seite 73

Malaufgaben verdoppeln und halbieren

Bei einer Multiplikationsaufgabe ist es grundsätzlich gleichgültig, ob der erste oder der zweite Faktor verdoppelt wird, lediglich bei der anschaulichen Darstellung ist Folgendes zu beachten: Wird die erste Zahl verdoppelt, so wird das zweite Feld darunter angelegt, wird die zweite Zahl verdoppelt, so wird das zweite Feld daneben angelegt. Analog dazu wird mit einem waagrechten Strich die erste Zahl halbiert, mit einem senkrechten Strich die zweite.

$\mathbf{4} \cdot 4 \quad \leftarrow \quad 2 \cdot 4 \quad \rightarrow \quad 2 \cdot \mathbf{8}$

Die Kinder erkennen, dass das Verdoppeln einer Zahl ein doppelt so großes Ergebnis zur Folge hat. Mithilfe dieser Rechenstrategie erschließen sich die Kinder weitere Einmaleinsreihen:
- Das Einmaleins mit 4 über das Verdoppeln des Einmaleins mit 2: $4 \cdot 7 = \boxed{2 \cdot 7} + \boxed{2 \cdot 7}$
- Das Einmaleins mit 8 über das Verdoppeln des Einmaleins mit 4: $8 \cdot 7 = \boxed{4 \cdot 7} + \boxed{4 \cdot 7}$

Auch das Einmaleins mit 6 kann über das Verdoppeln vom Einmaleins mit 3 abgeleitet werden.

Umgekehrt hilft das Halbieren einer Malaufgabe beim Lösen „schwieriger“ Aufgaben. Die Strategie des Halbierens wurde bereits auf Seite 69 beim Einmaleins mit 5 vorgestellt und wird nun auf weitere Aufgaben übertragen. Die dritte Aufgabe zeigt die Strategie des zweimaligen Halbierens, um die Ergebnisse von Einmaleinssätzen mit 8 zu ermitteln.

Da für die meisten Kinder die ausführliche Gleichungsform, z. B. $4 \cdot 8 = \boxed{2 \cdot 8} + \boxed{2 \cdot 8} = 16 + 16 = 32$, zu unübersichtlich ist, schreiben sie jeweils die halbierte Malaufgabe als „Hilfsaufgabe“ darunter und verdoppeln deren Ergebnis im Kopf.

Im Anschluss an die Bearbeitung der Kopiervorlage ergänzen die Schüler mit einer weiteren Farbe die Einmaleinstafel auf Seite 71 um die neu hinzugekommenen Ergebnisse.

Lösung

Aufgabe 1:

2 · 8 = 16	2 · 9 = 18	2 · 7 = 14	5 · 6 = 30
4 · 8 = 32	4 · 9 = 36	4 · 7 = 28	10 · 6 = 60

Aufgabe 2:

4 · 2 = 8	4 · 6 = 24	10 · 7 = 70
2 · 2 = 4	2 · 6 = 12	5 · 7 = 35
4 · 3 = 12	4 · 9 = 36	10 · 4 = 40
2 · 3 = 6	2 · 9 = 18	5 · 4 = 20

Aufgabe 3:

8 · 10 = 80	8 · 7 = 56	8 · 4 = 32	8 · 8 = 64
4 · 10 = 40	4 · 7 = 28	4 · 4 = 16	4 · 8 = 32
2 · 10 = 20	2 · 7 = 14	2 · 4 = 8	2 · 8 = 16

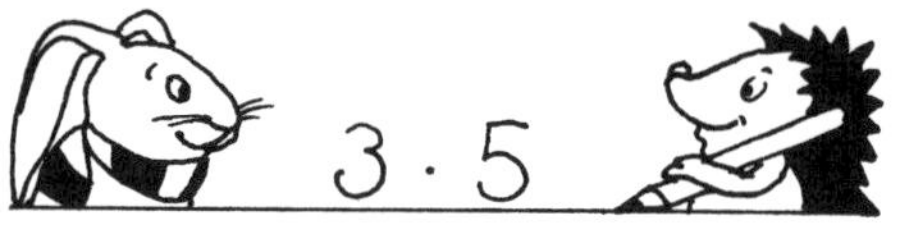

Weiterführender Vorschlag

Beim Kopfrechnen können Sie das Anwenden von Rechenstrategien zum Lösen von Multiplikationsaufgaben folgendermaßen unterstützen: Nennen Sie zuerst die „einfache“ Aufgabe, die für das Ableiten der schwierigeren Aufgabe benötigt wird, und dann erst die „schwierige“ Aufgabe, z. B.: 5 · 8 = ☐, 6 · 8 = ☐ (Nachbaraufgabe); 2 · 4 = ☐, 4 · 4 = ☐ (Verdoppeln/Halbieren).

KV Seite 74

Malaufgaben zerlegen

Eine weitere, für manche Kinder anspruchsvolle Strategie ist das Zerlegen einer „schwierigen“ Malaufgabe in zwei „leichte“ Aufgaben. Das Einmaleins mit 7 kann durch eine Zerlegung in eine Malaufgabe mit 5 und eine Malaufgabe mit 2 abgeleitet werden, z. B.:

7 · 9 = [5 · 9] + [2 · 9]

Die zweite und dritte Aufgabe dienen der Wiederholung und Automatisierung des Einmaleins mit 2 und 5.

Anschließend vervollständigen die Schüler mit einer weiteren Farbe die Einmaleinstafel auf Seite 71. Nun können sich die Schüler alle Einmaleinsreihen, die sie nicht automatisiert haben, von bekannten Einmaleinsreihen ableiten.

KV Seite 75

Rechengeschichten mit Malaufgaben

Mithilfe dieser Rechengeschichten erfahren die Kinder die Anwendung von Malaufgaben im Alltag. Sie finden zunächst anhand der Bilder heraus, um welches Einmaleins es sich handelt. Falls nötig, kann zum Lösen jeweils eine Skizze als Hilfe erstellt werden.

Bei der vierten Aufgabe sollte gegebenenfalls vorab geklärt werden, dass es an einem Achtertisch acht Plätze gibt, an einem Sechsertisch sechs. Dem Beispiel entsprechend zeichnen die Kinder die Plätze an die Tische. Schwache Rechner finden die Lösung über die Zeichnung, gute Rechner nutzen die erlernten Ableitungsstrategien.

Lösung

Aufgabe 1:
7 · 5 = 35 — 35 Gläser

Aufgabe 2:
8 · 8 = 64 — 64 Äpfel

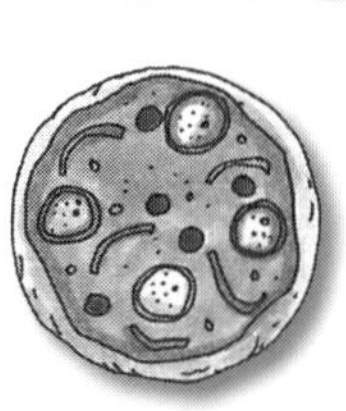

Aufgabe 3:
3 · 10 = 30 — 30 Stücke

Aufgabe 4:
Rechnung 1: 2 · 8 = 16 — Rechnung 2: 3 · 6 = 18
Rechnung 3: 16 + 18 = 34
Antwort: 34 Gäste finden Platz.

Lerninhalte

- Ableiten der Division aus Modellhandlungen des Aufteilens und Verteilens
- Zeichnerisches Darstellen der Division und anschauliches Lösen von Geteiltaufgaben
- Verstehen der Multiplikation und Division als Umkehroperationen (Umkehraufgabe)
- Lösen von Geteiltaufgaben mithilfe der erlernten Malaufgaben

Die Division wird als Zerlegen in gleich große Mengen verstanden, wobei den Modellhandlungen zwei verschiedene mathematische Strukturen zugrunde liegen:

- Bei Situationen des Aufteilens wird eine Grundmenge in gleich große Teilmengen eingeteilt, z. B. von 20 Blumen sollen jeweils fünf in eine Vase gestellt werden. Hier ist die Größe der Teilmenge gegeben, die Anzahl der Teilmengen gesucht.
- Beim Verteilen wird eine Grundmenge auf eine vorgegebene Anzahl verteilt, z. B. 20 Blumen sollen auf fünf Vasen verteilt werden. Hier ist die Anzahl der Teilmengen gegeben und die Größe der Teilmenge ist gesucht.

Begrifflich müssen die Kinder nicht zwischen Auf- und Verteilen unterscheiden. Sprechweise und grafische Darstellung orientieren sich jeweils an der Handlung und führen zur abstrakten Geteiltaufgabe, z. B. 20 : 5 = 4. Der Dividend 20 gibt die Größe der Ausgangsmenge an, der Divisor 5 beschreibt die Teilmenge.

KV Seite 76/77

Aufteilen
Verteilen

Die Kopiervorlagen zeigen die unterschiedlichen Verständnisweisen der Division. Auf Seite 76 lässt sich die Situation des Aufteilens durch das Zusammenfassen der Dinge zu einer vorgegebenen Anzahl handelnd nachvollziehen. Bevor die Kinder die Aufgaben grafisch lösen, sollten sie sie mit konkreten Dingen legen, z. B. Plättchen auf Schalen aufteilen.

Auf Seite 77 wird die Situation des Verteilens durch wiederholtes Reihum-Verteilen anschaulich dargestellt. Alternativ können die Äpfel auch mithilfe von Linien grafisch zugeordnet werden.

Zeigen Sie an Beispielen auch die folgenden Sonderfälle der Division auf:

- Jede Zahl ist durch sich selbst teilbar, das Ergebnis ist stets 1, z. B.: 6 : 6 = 1
- Jede Zahl ist durch 1 teilbar, das Ergebnis ist immer die Zahl selbst, z. B.: 6 : 1 = 6 (siehe auch Seite 78)
- Geteiltaufgaben mit Null machen keinen Sinn.

Lösung Seite 76

28 : 4 = 7
Es sind 7 Teller.

24 : 8 = 3
Es sind 3 Schüsseln.

36 : 6 = 6
Es sind 6 Bund Möhren.

40 : 10 = 4
Es sind 4 Schachteln.

Lösung Seite 77

Aufgabe 1:

15 Äpfel verteilt an 5 Kinder: 15 : 5 = 3
Jedes Kind bekommt 3 Äpfel.

Aufgabe 2:

14 : 2 = 7
Jeder bekommt 7 Möhren.

12 : 3 = 4
Jedes Kind bekommt 4 Bonbons.

KV Seite 78 **Umkehraufgaben**

Die Kinder lösen die Aufgaben zunächst grafisch und erkennen dabei die multiplikative Struktur. So erfahren sie den Zusammenhang zwischen Multiplikation und Division als gegensätzliche Rechenoperationen. Da Aufgaben zur Division Schülern weit mehr Schwierigkeiten bereiten als Aufgaben zur Multiplikation, sollten sie Geteiltaufgaben immer mit der Umkehraufgabe überprüfen, z. B.: 24 : 4 = 6, denn 6 · 4 = 24. Das Erfinden von Rechengeschichten zu einer vorgegebenen Zeichnung und Aufgabe fördert die operative Einsicht.

Lösung

Aufgabe 1:

24 : 4 = 6
U 6 · 4 = 24

24 : 6 = 4
U 4 · 6 = 24

24 : 8 = 3
U 3 · 8 = 24

24 : 3 = 8
U 8 · 3 = 24

24 : 1 = 24
U 1 · 24 = 24

KV Seite 79 **Verwandte Aufgaben**

An der linear angeordneten Punktreihe (die unterschiedlichen Farben dienen der schnellen Orientierung) kann man verschieden große Sprünge (Größe der Teilmengen) zur gleichen Zahl (Gesamtmenge) gut veranschaulichen. Die Anzahl der Sprünge (Anzahl der Teilmengen) lässt sich grafisch leicht ermitteln.

Die Kinder erkennen, dass sich analog zu den „Aufgabenfamilien" bei Addition und Subtraktion auch Aufgabenfamilien zur Multiplikation und Division bilden lassen. Je vier Aufgaben mit gleichen Zahlen sind „verwandt".

Lösung

Aufgabe 1:

45 : 5 = 9 9 Sprünge
U 9 · 5 = 45

45 : 9 = 5 5 Sprünge
U 5 · 9 = 45

Aufgabe 2:

9 · 2 = 18	6 · 5 = 30	40 : 8 = 5	5 · 6 = 30
30 : 5 = 6	8 · 5 = 40	30 : 6 = 5	2 · 9 = 18
18 : 2 = 9	40 : 5 = 8	18 : 9 = 2	5 · 8 = 40

KV Seite 80 **Rechengeschichten: Mal oder geteilt?**

Das Operationsverständnis der Kinder wird hier überprüft, indem sie den Sachsituationen jeweils die passende Frage und Rechnung zuordnen. Die Kinder malen die Punkte farbig aus oder zerschneiden die Kopiervorlage und legen die Karten nebeneinander. Haben einzelne Schüler dabei noch Schwierigkeiten, sollten Sie mit ihnen weitere einfache Handlungen mit konkretem Material zur Multiplikation und Division durchführen.

64 Karten werden an 8 Kinder verteilt.	Wie viele Kinder spielen mit?	5 · 8 = 40 40 Karten
5 Kinder spielen zusammen ein Kartenspiel. Jedes Kind hat 8 Karten.	Wie viele Karten bekommt jedes Kind?	4 · 8 = 32 32 Karten
48 Karten wurden an die Mitspieler verteilt. Jeder hat 6 Karten.	Wie viele Karten hat das Spiel?	64 : 8 = 8 8 Karten
Paula hat ihre Memorykarten in 4 Achterreihen ausgelegt.	Wie viele Karten hat das Spiel?	48 : 6 = 8 8 Kinder

Lerninhalte
- Dividieren mit Rest und Anwenden der Restschreibweise
- Notieren des Verdoppelns als Malaufgabe und des Halbierens als Geteiltaufgabe

KV Seite 81–83

Streichholzspiele
Im Sportunterricht
Teilen mit Rest

Sicherlich haben die Kinder im Alltag schon oft die Erfahrung gemacht, dass Handlungen zum Verteilen oder Aufteilen nicht „aufgehen", also etwas oder jemand „übrig" bleibt, z. B. wenn Dinge auf eine bestimmte Anzahl von Kindern gerecht verteilt werden oder wenn Kinder in gleich große Gruppen eingeteilt werden.

Wenn der Divisor kein Teiler des Dividenden ist, bleibt bei der Geteiltaufgabe ein „Rest", z. B. 17 : 5 = 3 R 2. Der Rest muss immer kleiner als der Divisor sein.

Auf den Seiten 81 und 82 werden Geteiltaufgaben mit Rest zunächst anschaulich gelöst. Kinder mit Lernproblemen können konkretes Arbeitsmaterial zu Hilfe nehmen. Auf Seite 83 wird der Zusammenhang zwischen Dividend und unterschiedlichen Divisoren untersucht. Bei der Umkehraufgabe wird der Rest zum Ergebnis der Multiplikation addiert: $\boxed{3 \cdot 5} + 2 = 17$. Wiederholen Sie dabei, dass die Punktrechnung zuerst zu lösen ist.

Lösung Seite 81

Aufgabe 1:

17 : 5 = 3 Rest 2; U $\boxed{3 \cdot 5} + 2 = 17$

3 Häuser, 2 Streichhölzer bleiben übrig

Aufgabe 2:

a) 17 : 4 = 4 R 1; U $\boxed{4 \cdot 4} + 1 = 17$
   4 Quadrate

b) 17 : 3 = 5 R 2; U $\boxed{5 \cdot 3} + 2 = 17$
   5 Dreiecke

c) 17 : 6 = 2 R 5; U $\boxed{2 \cdot 6} + 5 = 17$
   2 Sechsecke

Lösung Seite 82

a) 25 : 2 = 12 R 1; U $\boxed{12 \cdot 2} + 1 = 25$
   12 Zweiergruppen, 1 Kind bleibt übrig

b) 25 : 4 = 6 R 1; U $\boxed{6 \cdot 4} + 1 = 25$
   6 Vierergruppen, 1 Kind bleibt übrig

c) 25 : 3 = 8 R 1; U $\boxed{8 \cdot 3} + 1 = 25$
   8 Dreiergruppen, 1 Kind bleibt übrig

d) 25 : 10 = 2 R 5; U $\boxed{2 \cdot 10} + 5 = 25$
   2 Zehnergruppen, 5 Kinder bleiben übrig

Lösung Seite 83

Aufgabe 1:

:	2	3	4	5
10	5	3 R 1	2 R 2	2
12	6	4	3	2 R 2
15	7 R 1	5	3 R 3	3

:	2	3	4	5	6
20	10	6 R 2	5	4	3 R 2
21	10 R 1	7	5 R 1	4 R 1	3 R 3
24	12	8	6	4 R 4	4

Aufgabe 2:

Rest 1	Rest 2	Rest 3	Rest 4
13 : 2 = 6 R 1	32 : 10 = 3 R 2	43 : 10 = 4 R 3	54 : 10 = 5 R 4
41 : 4 = 10 R 1	32 : 3 = 10 R 2	43 : 5 = 8 R 3	54 : 5 = 10 R 4
26 : 5 = 5 R 1	32 : 5 = 6 R 2	23 : 5 = 4 R 3	29 : 5 = 5 R 4

KV Seite 84

Verdoppeln und halbieren

Während die Kinder bisher das Verdoppeln und Halbieren als Plusaufgabe (26 + 26 = 52) und additives Zerlegen (52 = 26 + 26) notiert haben, lernen sie dafür mithilfe der Multiplikation und Division nun neue Schreibweisen kennen. Auch hier werden Zehner und Einer getrennt verdoppelt und halbiert.

Die Aufgaben zur Berechnung des Alters und die Zahlenrätsel überprüfen das Operationsverständnis der Kinder.

Lösung

Aufgabe 1:

Sabine: 32 Jahre; Niko: 12 Jahre,
Nina: 6 Jahre, Peter: 25 Jahre

Aufgabe 2:

Meine Zahl ist das Doppelte von 25.	2 · 7 = 14
Meine Zahl ist das Doppelte von 3 · 4.	90 : 2 = 45 2 · 45 = 90
Meine Zahl ist die Hälfte von 4 · 7.	2 · 25 = 50
Meine Zahl ist das Doppelte von der Hälfte von 90.	2 · 3 · 4 = 2 · 12 = 24 oder 6 · 4 oder 3 · 8

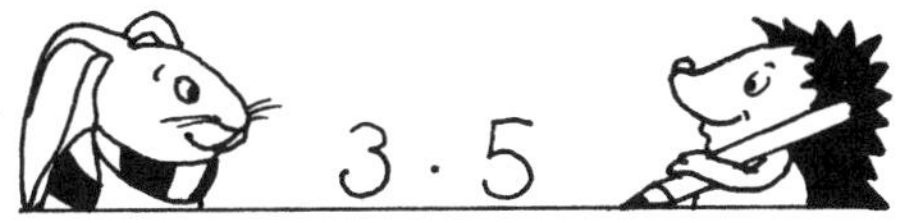

Name:

Plusaufgaben mit gleichen Zahlen

Wetten,
dass ich schneller als
du rechnen kann?
5 + 5 + 5 + 5
ist gleich … 20!

Das geht viel
einfacher:
Es sind 4 Reihen
mit 5 Herzen:
4 mal 5 ist gleich 20.
4 · 5 = 20

1. Schreibe zu jedem Bild eine Plusaufgabe und eine Malaufgabe. Rechne.

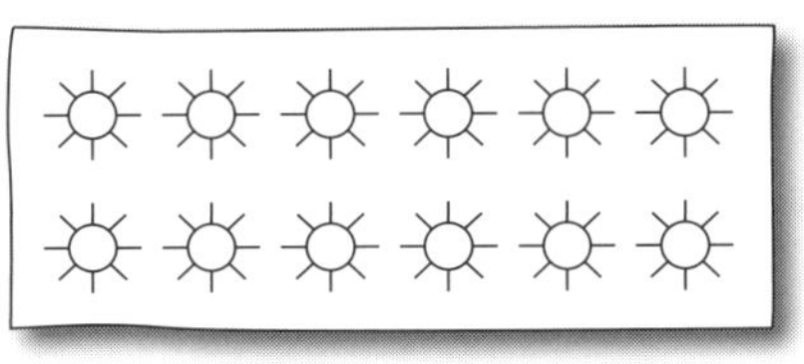

4	+	4	+	4	=		
		3	·	4	=		

2. Welche Aufgabe passt zu welchem Bild? Verbinde.

4 · 6 | 4 · 3 | 4 + 3 | 2 · 4 | 5 + 3 | 5 · 3

Name:

Zu Malaufgaben zeichnen

1. Wie viele Augen sind auf den Würfeln?
Zeichne sie passend zur Malaufgabe.
Schreibe zu jeder Malaufgabe die passende Plusaufgabe.

3	·	6	=				
6	+	6	+	6	=		

6	·	5	=										

5	·	2	=								

4	·	3	=						

2. Rahme so viele Punkte ein, dass das Bild zur Malaufgabe passt.
Rechne die Aufgabe im Kopf.

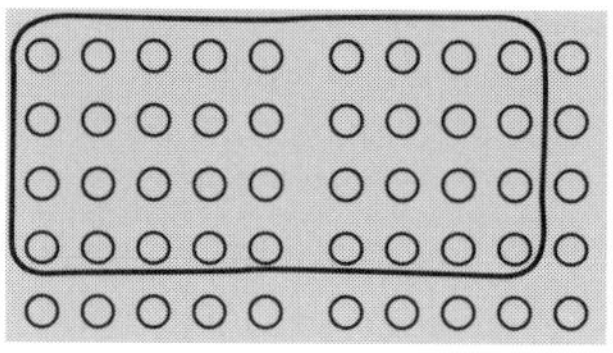

4 · 9 = ☐

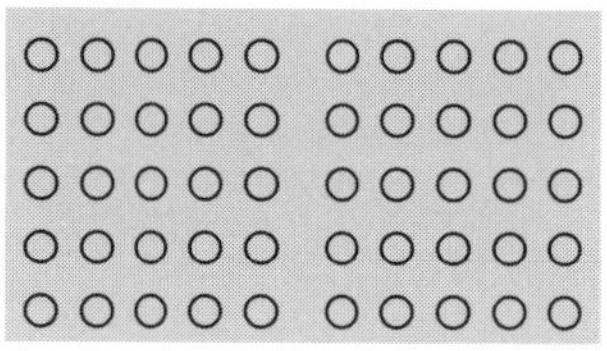

5 · 6 = ☐

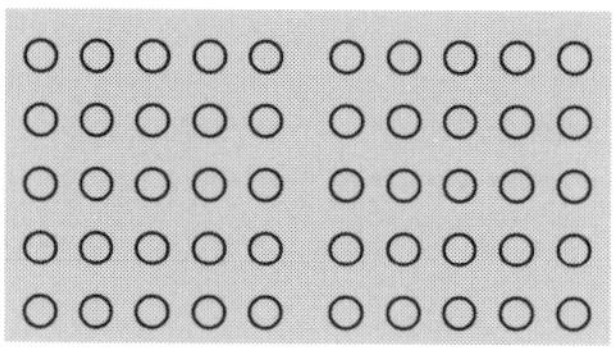

3 · 10 = ☐

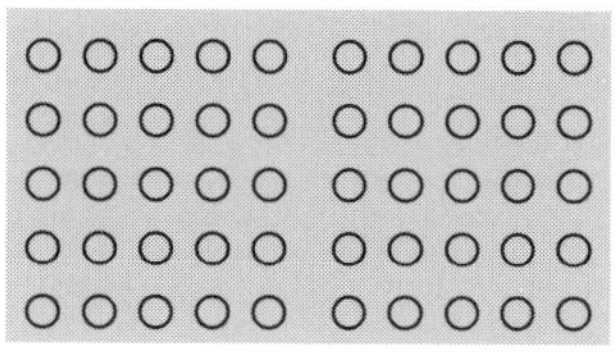

5 · 7 = ☐

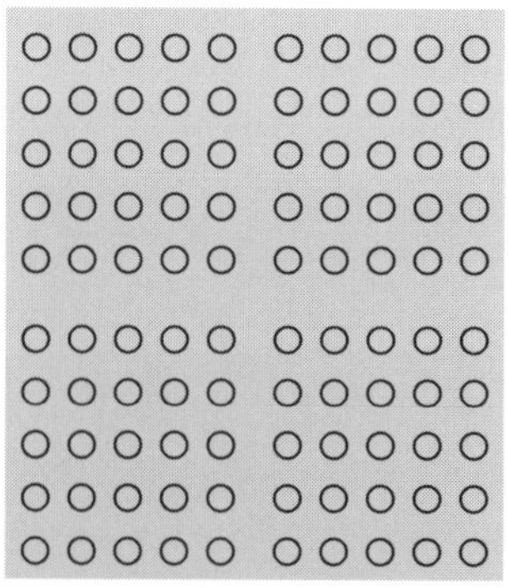

7 · 6 = ☐

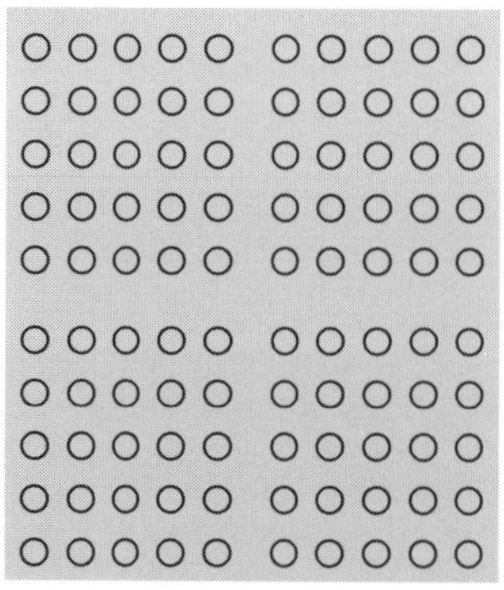

9 · 10 = ☐

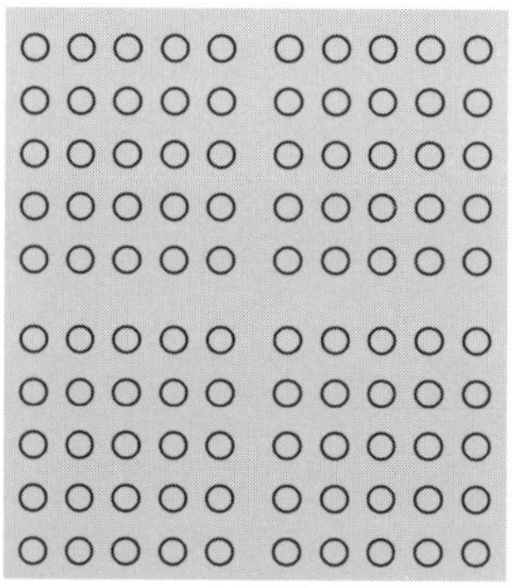

8 · 9 = ☐

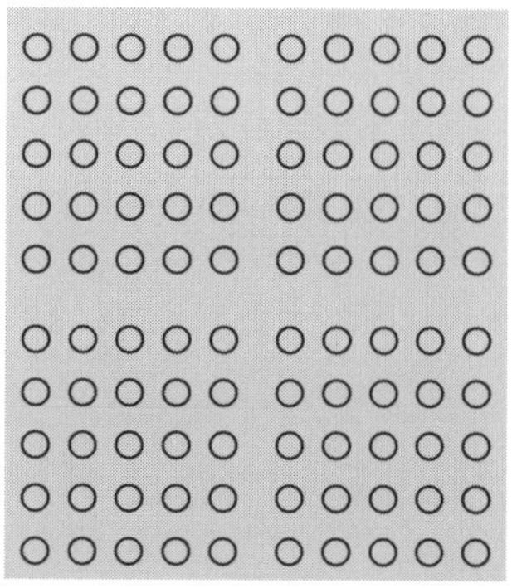

6 · 8 = ☐

Name:

Das Einmaleins mit 1

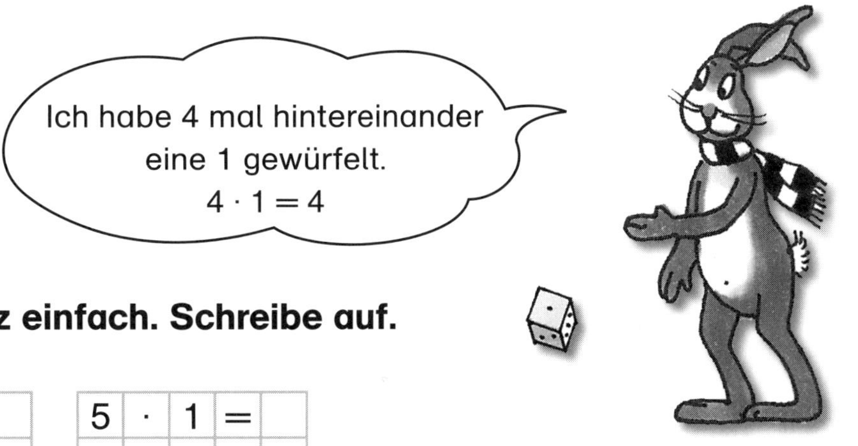

1. Malnehmen mit 1 ist ganz einfach. Schreibe auf.

1	·	1	=	
2	·	1	=	

3	·	1	=	
4	·	1	=	

5	·	1	=	
6	·	1	=	

7	·	1	=	
8	·	1	=	

	9	·	1	=		
1	0	·	1	=		

2. Zeichne passende Würfel und schreibe die Tauschaufgaben darunter.

Aufgabe	4 · 1 = 4
Tauschaufgabe	1 · 4 = 4

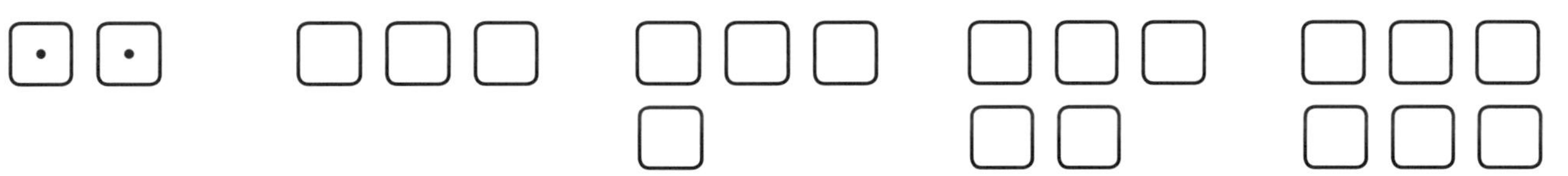

2	·	1	=	
1	·	*2*	=	

3	·	1	=	

4	·	1	=	

5	·	1	=	

6	·	1	=	

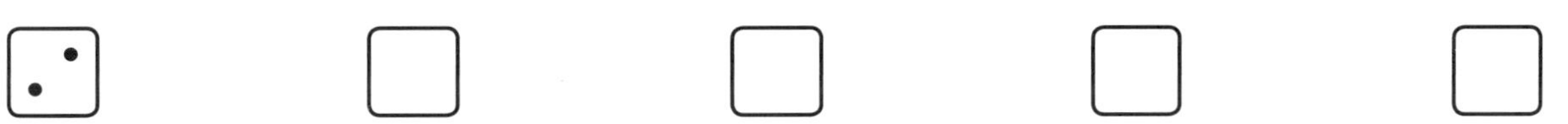

Name:

Das Einmaleins mit 2

6 Zweierreihen	2 Sechserreihen
2 + 2 + 2 + 2 + 2 + 2	6 + 6
6 · 2 = ☐	2 · 6 = ☐

1. Ergänze das Doppelte und die Tauschaufgabe.

Aufgabe	Das Doppelte	Tauschaufgabe
1 · 1 = 1	2 · 1 = 2	1 · 2 =
1 · 2 =	2 · 2 =	2 · 2 =
1 · 3 =	2 · 3 =	3 · 2 =
1 · 4 =	2 · 4 =	4 · 2 =
1 · 5 =	2 · 5 =	5 · 2 =
1 · 6 =	2 · 6 =	6 · 2 =
1 · 7 =	2 · 7 =	7 · 2 =
1 · 8 =	2 · 8 =	8 · 2 =
1 · 9 =	2 · 9 =	9 · 2 =
1 · 10 =	2 · 10 =	10 · 2 =

2. Ergänze die Malaufgaben.

6 = ☐ · 2	4 = ☐ · 2	16 = ☐ · 2	10 = ☐ · 2
12 = ☐ · 2	8 = ☐ · 2	14 = ☐ · 2	18 = ☐ · 2

Name:

Das Einmaleins mit 10

Auf meinem Feld wachsen 40 Möhren.
$4 \cdot 10 = 40$

Auf meinem Feld wachsen auch 40 Möhren.
$10 \cdot 4 = 40$

Aufgabe	$4 \cdot 10 = 40$
Tauschaufgabe	$10 \cdot 4 = 40$

Beim Einmaleins mit 10 hängst du einfach an die erste Zahl eine Null an.

Verbinde.

Aufgabe	Tauschaufgabe	Ergebnis
1 · 10	10 · 9	100
2 · 10	10 · 5	20
3 · 10	10 · 1	60
4 · 10	10 · 6	90
5 · 10	10 · 4	10
6 · 10	10 · 7	40
7 · 10	10 · 2	70
8 · 10	10 · 8	30
9 · 10	10 · 3	50
10 · 10	10 · 10	80

Name:

Hände hoch!

1. Wie viele Hände sind es?
Zähle in Zweierschritten und schreibe die Zweierzahlen auf.

2 | 4 | ☐ | ☐ | ☐

☐ | ☐ | ☐ | ☐ | ☐

Wie viele Kinder strecken ihre Hände hoch? ☐ Kinder

☐ · 2 = ☐ Es sind ☐ Hände.

2. Wie viele Finger sind es?
Zähle in Zehnerschritten und schreibe die Zehnerzahlen auf.

10 | 20 | ☐ | ☐ | ☐

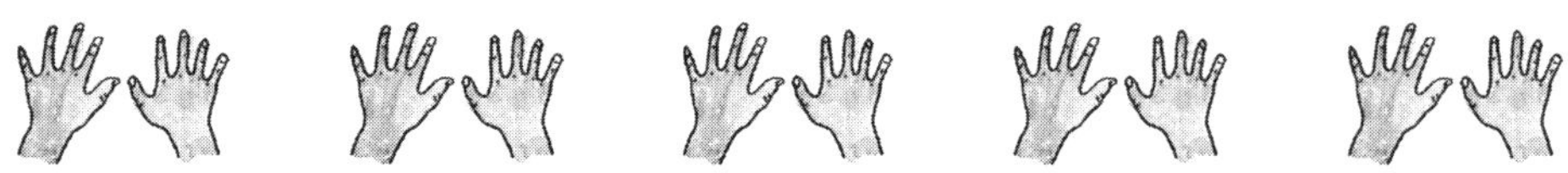

☐ | ☐ | ☐ | ☐ | ☐

Wie viele Kinder strecken ihre Finger hoch? ☐ Kinder

☐ · 10 = ☐ Es sind ☐ Finger.

Name:

Das Einmaleins mit 5

1. Wie viele Finger sind es? Zähle in Fünferschritten und schreibe die Fünferzahlen auf.

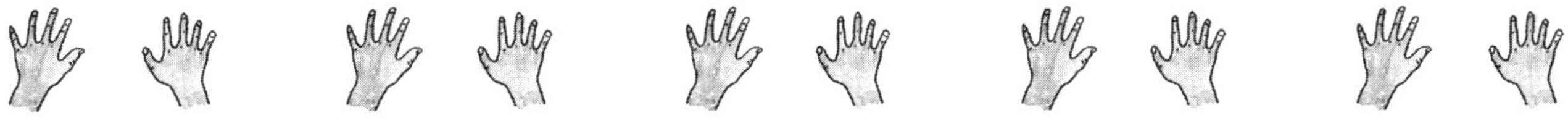

5	10								

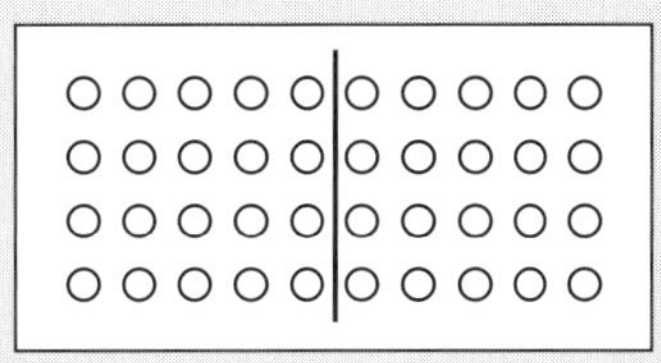

4 Zehnerreihen ☐ · 10 = ☐

die Hälfte ↓ (: 2) (: 2)

4 Fünferreihen ☐ · 5 = ☐

2. Schreibe das Einmaleins mit 5 darunter und rechne.

1	·	1	0	=		
1	·		5	=		

2	·	1	0	=		

3	·	1	0	=		

4	·	1	0	=		

5	·	1	0	=		

6	·	1	0	=		

7	·	1	0	=		

8	·	1	0	=		

9	·	1	0	=		

1	0	·	1	0	=			

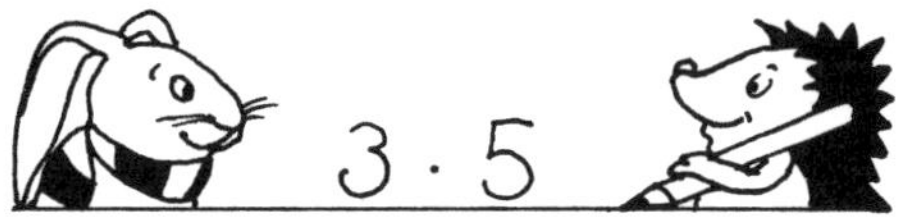

Quadrataufgaben

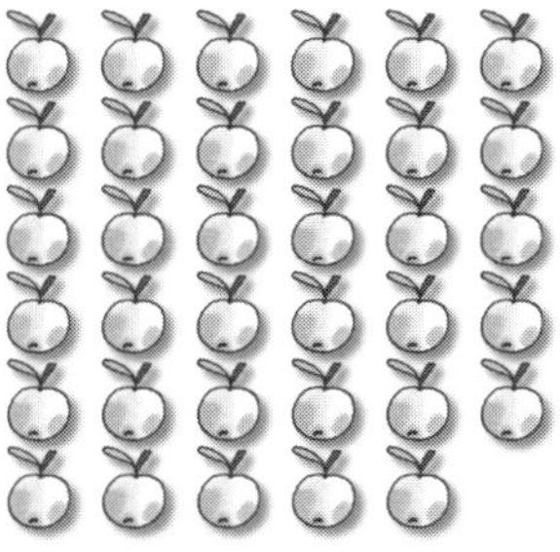

$6 \cdot 6 = 36$

1. Rahme zu jeder Aufgabe passend die Kästchen mit verschiedenen Farben ein. Trage das Ergebnis zweimal ein.

$1 \cdot 1 =$ ☐ ~~$4 \cdot 4 = 16$~~ $3 \cdot 3 =$ ☐ $7 \cdot 7 =$ ☐ $9 \cdot 9 =$ ☐

$5 \cdot 5 =$ ☐ $2 \cdot 2 =$ ☐ $8 \cdot 8 =$ ☐ $6 \cdot 6 =$ ☐ $10 \cdot 10 =$ ☐

2. Male im Hunderterfeld die Quadratzahlen rot aus. Wie heißt die größte Quadratzahl?

☐

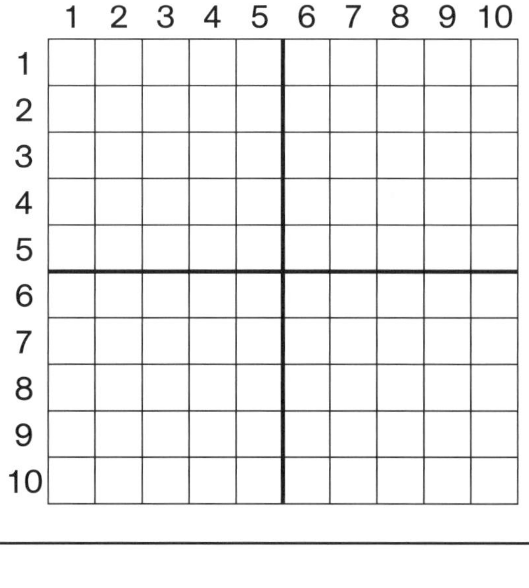

3. Lerne die Quadratzahlen auswendig.

Name:

Die Einmaleinstafel

•	1	2	3	4	5	6	7	8	9	10
1	→ ↓ 1									
2										
3										
4										
5										
6										
7										
8										
9										
10										

1. Trage die Ergebnisse waagrecht und senkrecht ein. Male aus.

a) Einmaleins mit 1: Blau
b) Einmaleins mit 2: Rot
c) Einmaleins mit 10: Braun
d) Einmaleins mit 5: Grün

2. Trage die Ergebnisse der Quadrataufgaben ein. Rahme die Kästchen farbig ein.

3. Welche weiteren Malaufgaben kannst du schon? Trage die Ergebnisse mit Bleistift ein.

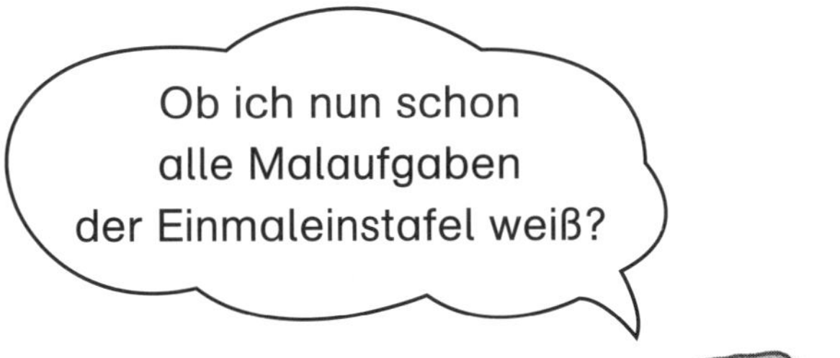

Name:

Malaufgaben von Nachbaraufgaben ableiten

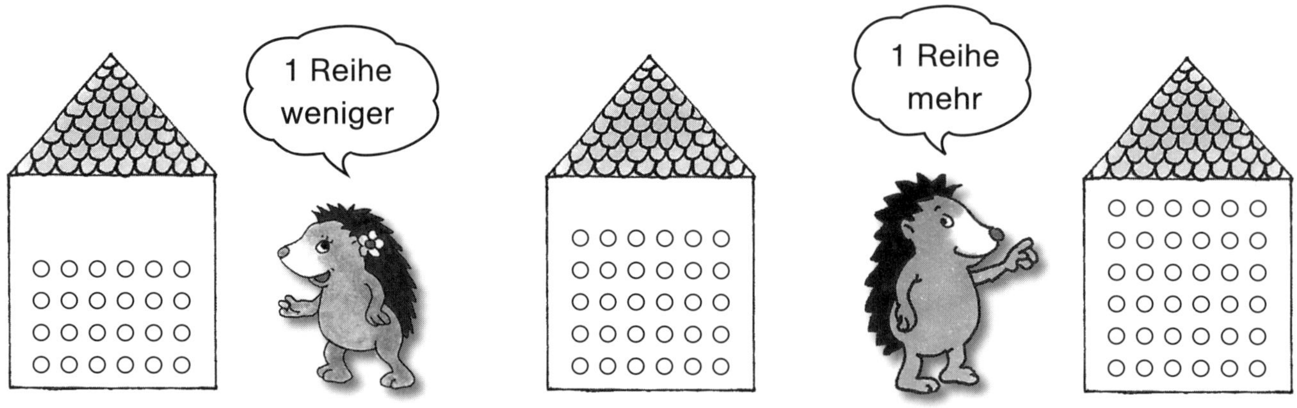

□ · 6 = □ 5 · 6 = □ □ · 6 = □

Löse zuerst die Aufgabe in der Mitte. Schreibe dann die Nachbaraufgaben dazu und rechne.

1 · 6 = □	□ · 4 = □	□ · 3 = □
↑ −6	↑ −4	↑ −3
2 · 6 = □	5 · 4 = □	2 · 3 = □
↓ +6	↓ +4	↓ +3
3 · 6 = □	□ · 4 = □	□ · 3 = □

□ · □ = □	□ · □ = □	□ · □ = □
↑ ◯	↑ ◯	↑ ◯
5 · 3 = □	5 · 9 = □	2 · 8 = □
↓ ◯	↓ ◯	↓ ◯
□ · □ = □	□ · □ = □	□ · □ = □

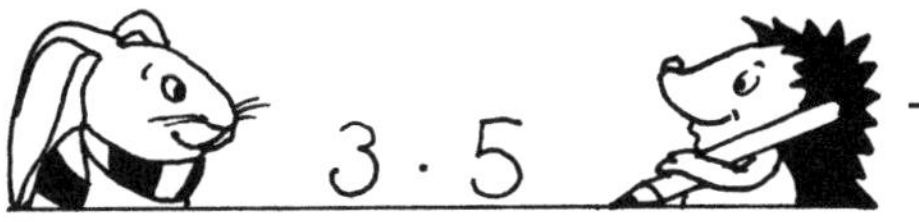

Name:

Malaufgaben verdoppeln und halbieren

$2 \cdot 7 = 14$

$\cdot 2$ $\cdot 2$

$4 \cdot 7 = 28$

$4 \cdot 7 = ?$

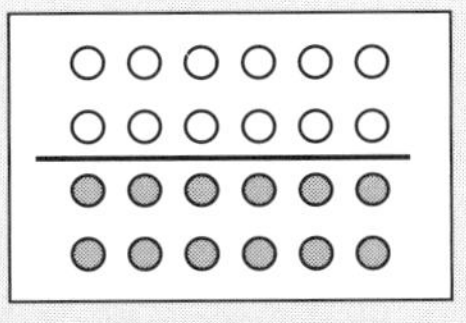

die Hälfte

$2 \cdot 7 = 14$

$2 \cdot 7 = 14$

Zähle die beiden Hälften zusammen:

14 + ☐ = ☐

$4 \cdot 7 = 28$

1. Rechne die Aufgabe. Verdopple dann die erste Zahl, schreibe die neue Aufgabe darunter und rechne.

2	·	8	=	
4	·	8	=	

2	·	9	=		

2	·	7	=		

	5	·	6	=		

2. Halbiere die erste Zahl und rechne die einfache Malaufgabe zuerst. Löse dann die schwierige Aufgabe.

4	·	2	=	
2	·	2	=	

4	·	6	=		

1	0	·	7	=		

4	·	3	=		

4	·	9	=		

1	0	·	4	=		

3. Hier kannst du zweimal halbieren.

8	·	1	0	=		
4	·	1	0	=		
2	·	1	0	=		

8	·	7	=		

8	·	4	=		

8	·	8	=		

Malaufgaben zerlegen

$7 \cdot 9 = ?$

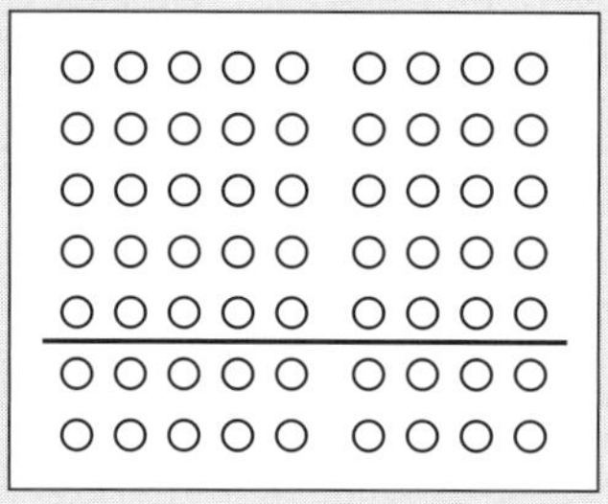

$5 \cdot 9 = \square$

$2 \cdot 9 = \square$

Zähle die beiden Ergebnisse zusammen:

$\square + \square = \square$

$7 \cdot 9 \quad = \square$

**1. Zerlege diese Malaufgaben in zwei einfache Malaufgaben.
Zeichne einen Strich und rechne.**

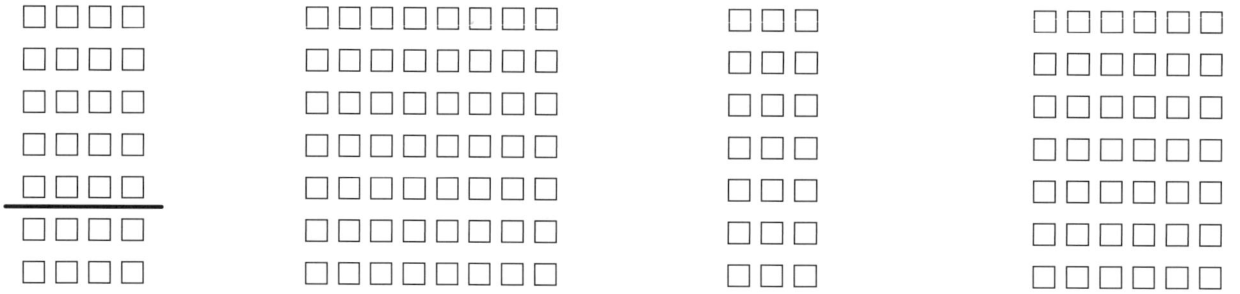

5	·	4	=		
2	·	4	=		
7	·	4	=		

2. Rahme alle Zweierzahlen farbig ein.

1	2	3	4	5	6	7	8	9	10	11	12	13	14	15	20

3. Ergänze die Malaufgaben zum Einmaleins mit 5.

1	5	=		·	5
3	0	=		·	5

5	0	=			·	5
3	5	=		·	5	

2	0	=		·	5
4	0	=		·	5

2	5	=		·	5
4	5	=		·	5

Name:

Rechengeschichten mit Malaufgaben

1. 1 Flasche Apfelsaft reicht für 5 Gläser.

Wie viele Gläser kann Amelie mit sieben Flaschen füllen?

R:

A: Gläser

2.

Wie viele Äpfel sind in acht Packungen?

R:

A: Äpfel

3.

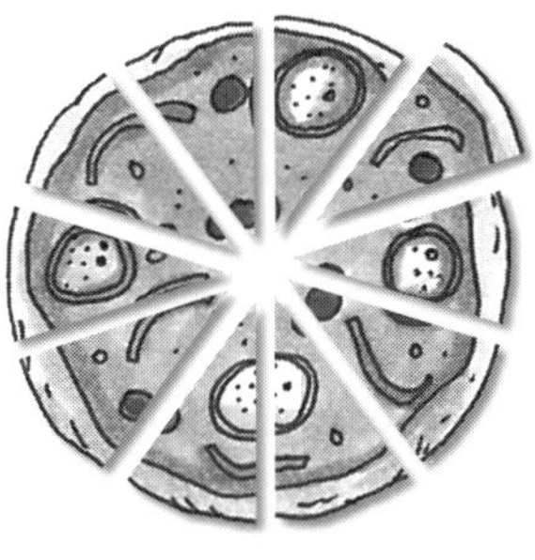

Wie viele Stücke kann Simon aus drei Pizzas schneiden?

R:

A: Stücke

4. Beim Gartenfest gibt es zwei Achtertische und drei Sechsertische. Wie viele Gäste finden hier Platz? Zeichne und rechne.

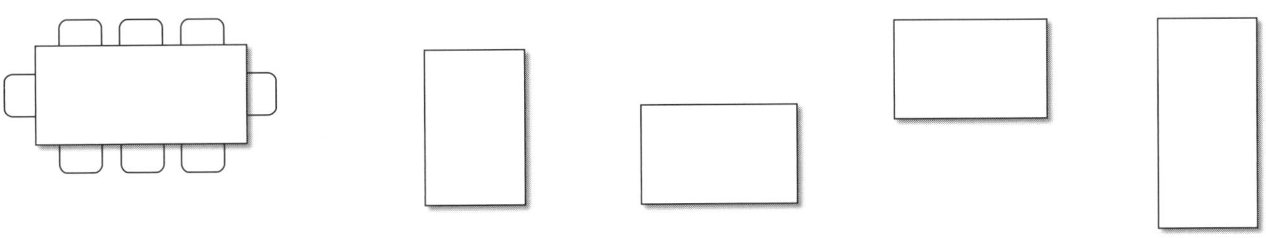

Rechnung 1:

Rechnung 2:

Rechnung 3:

Antwort:

Name:

Aufteilen

20 Blumen		immer 5 in eine Vase	Wie viele Vasen?	
20	**:**	**5**	**=**	☐
20	geteilt durch	5	ist gleich	☐.

Es sind ☐ Vasen.

Erzähle, zeichne weiter und rechne.

28 Tomaten, immer 4 auf einem Teller. Wie viele Teller?

28 : 4 = ☐

Es sind ☐ Teller.

24 Äpfel, immer 8 in einer Schüssel. Wie viele Schüsseln?

24 : ☐ = ☐

Es sind ☐ Schüsseln.

36 Möhren, immer 6 in einem Bund. Wie viele Bund?

☐ : ☐ = ☐

Es sind ☐ Bund Möhren.

40 Eier, immer 10 in einer Schachtel Wie viele Schachteln?

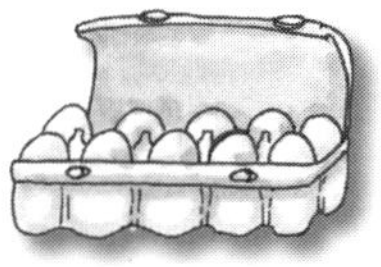

☐ : ☐ = ☐

Es sind ☐ Schachteln.

Name:

Verteilen

1. Wie viele Äpfel bekommt jedes Kind?
Streiche immer einen Äpfel weg und
male ihn zu einem Kind.

☐ Äpfel verteilt an ☐ Kinder

☐ : ☐ = ☐

Jedes Kind bekommt ☐ Äpfel.

2. Verteile und rechne.

14 Möhren an Igel und Igelfrau

14 : 2 = ☐

Jeder bekommt ☐ Möhren.

12 Bonbons an 3 Kinder

☐ : ☐ = ☐

Jedes Kind bekommt ☐ Bonbons.

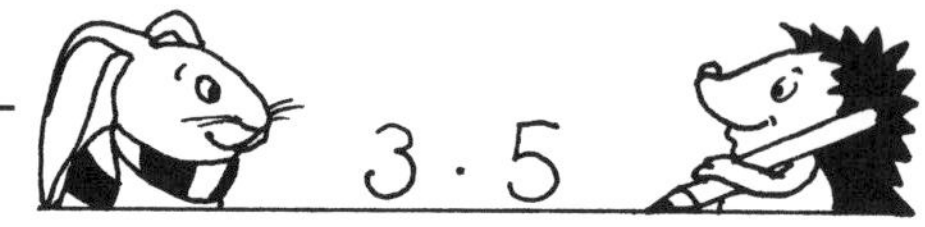

Umkehraufgaben

1. Zeichne weiter und rechne.

24 : 4 = ☐

Umkehraufgabe ☐ · 4 = ☐

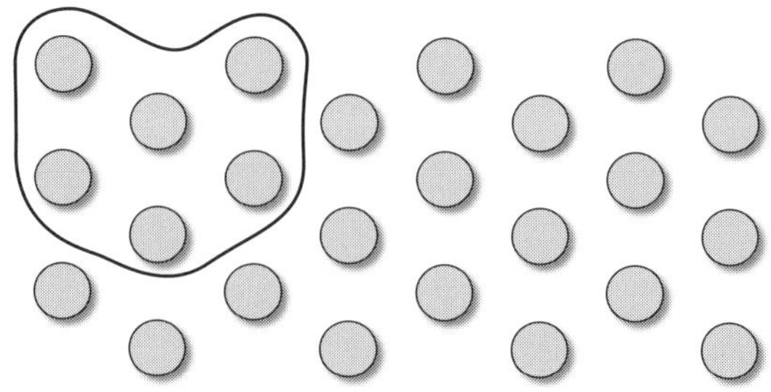

☐ : 6 = ☐

U ☐ · 6 = ☐

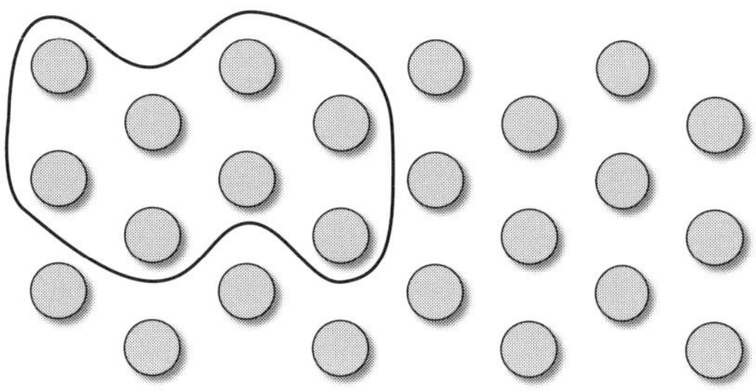

☐ : ☐ = ☐

U ☐ · ☐ = ☐

☐ : ☐ = ☐

U ☐ · ☐ = ☐

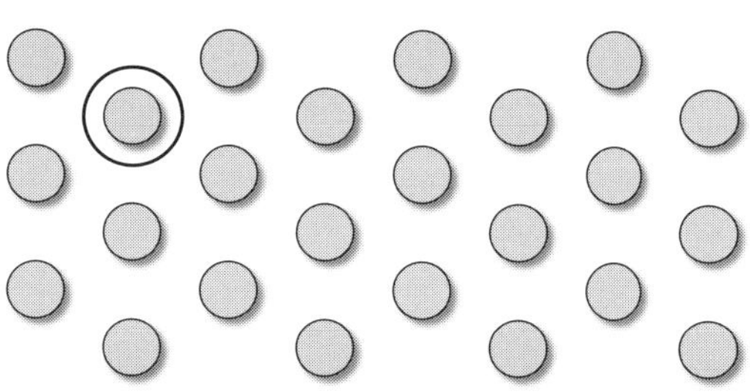

☐ : ☐ = ☐

U ☐ · ☐ = ☐

2. Denke dir zu einem Bild eine Rechengeschichte aus.

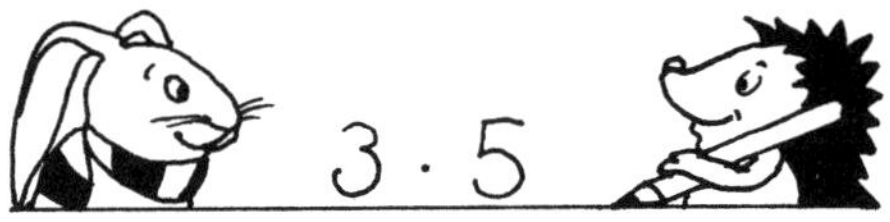

Verwandte Aufgaben

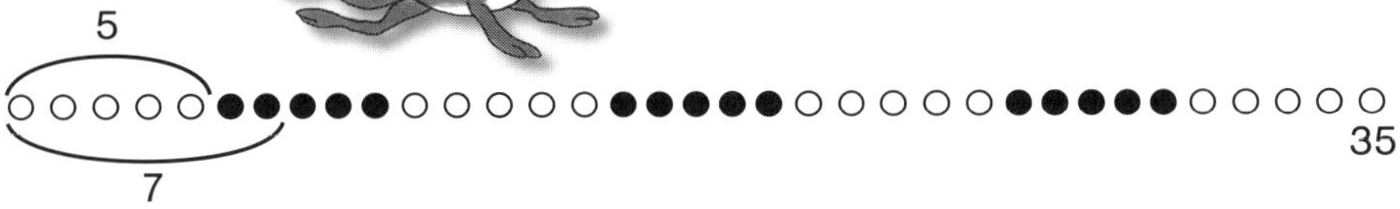

Der Hase macht Fünfersprünge. Zeichne weiter.

Wie oft ist er gesprungen? 35 : 5 = ☐ U ☐ · 5 = 35

Der Hase macht Siebenersprünge. Zeichne weiter.

Wie oft ist er gesprungen? 35 : 7 = ☐ U ☐ · 7 = 35

Alle 4 Aufgaben haben die gleichen Zahlen.

	7 · 5 = ☐	Umkehraufgabe	☐ : 5 = ☐
Tauschaufgabe	5 · 7 = ☐	Umkehraufgabe	☐ : 7 = ☐

1. Markiere die Sprünge. Schreibe die vier verwandten Aufgaben auf.

○○○○○●●●●●○○○○○●●●●●○○○○○●●●●●○○○○○●●●●●○○○○○●●●●●

Mit Fünfersprüngen auf die Zahl 45.	Mit Neunersprüngen auf die Zahl 45.
☐ : ☐ = ☐ ☐ Sprünge	☐ : ☐ = ☐ ☐ Sprünge
U ☐ · ☐ = ☐	U ☐ · ☐ = ☐

2. Welche vier Aufgaben gehören zu einer Aufgabenfamilie?
Rahme sie mit der gleichen Farbe ein und rechne.

9 · 2 = ☐	6 · 5 = ☐	40 : 8 = ☐	5 · 6 = ☐
30 : 5 = ☐	8 · 5 = ☐	30 : 6 = ☐	2 · 9 = ☐
18 : 2 = ☐	40 : 5 = ☐	18 : 9 = ☐	5 · 8 = ☐

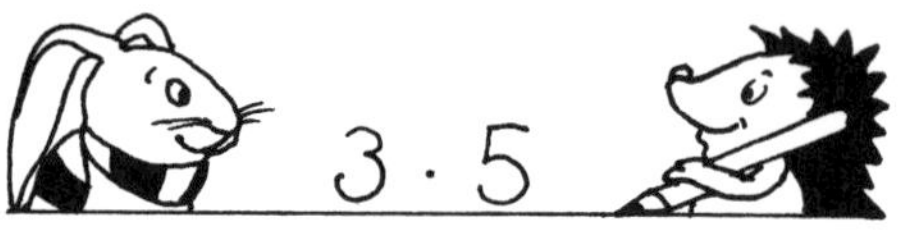

Name:

Rechengeschichten: Mal oder geteilt?

Welche Aufgabe, Frage und Rechnung gehören zusammen?
Male jeweils den Punkt mit derselben Farbe aus.
Ergänze die Antworten.

✂

64 Karten werden an 8 Kinder verteilt. ○	Wie viele Kinder spielen mit? ○	5 · 8 = 40 ☐ Karten ○
5 Kinder spielen zusammen ein Kartenspiel. Jedes Kind hat 8 Karten. ○	Wie viele Karten bekommt jedes Kind? ○	4 · 8 = 32 ☐ Karten ○
48 Karten wurden an die Mitspieler verteilt. Jeder hat 6 Karten. ○	Wie viele Karten hat das Spiel? ○	64 : 8 = 8 ☐ Karten ○
Paula hat ihre Memorykarten in 4 Achterreihen ausgelegt. ○	Wie viele Karten hat das Spiel? ○	48 : 6 = 8 ☐ Kinder ○

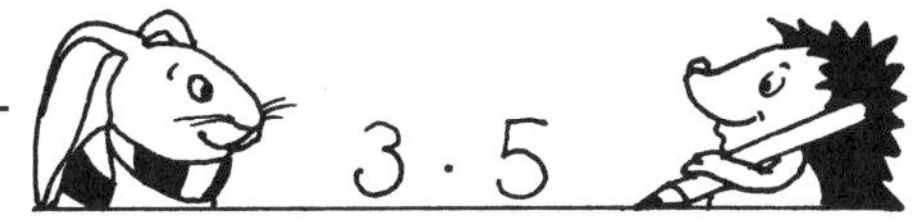

Name:

Streichholzspiele

Für ein Haus brauchst du 5 Streichhölzer.

1. Wie viele Häuser kannst du aus diesen Streichhölzern legen? Kreise ein.

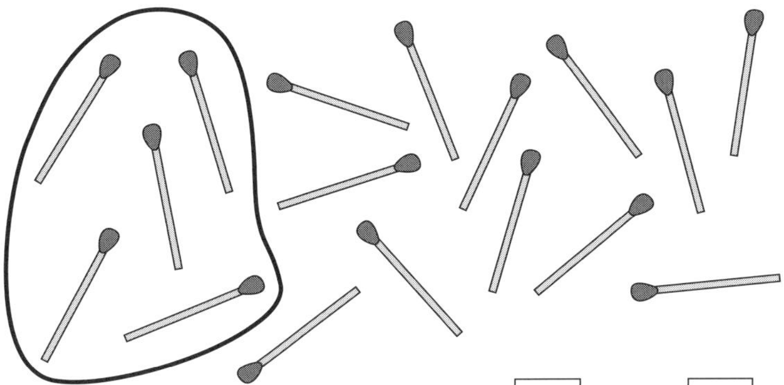

Du stellst fest:

☐ Häuser,

☐ Streichhölzer bleiben übrig.

17 : 5 = ☐ Rest ☐

Trifft *mal* auf *plus*, zuerst *mal* ich rechnen muss.

Umkehraufgabe: ☐ · 5 + ☐ = 17

2. Nimm 17 Streichhölzer. Lege und rechne.

a) Wie viele Quadrate kannst du legen?

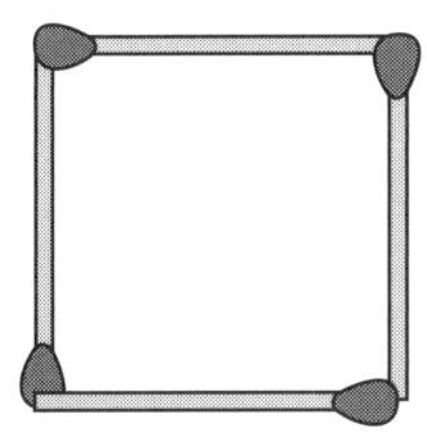

							R	
U								

Antwort: ☐ Quadrate

b) Wie viele Dreiecke kannst du legen?

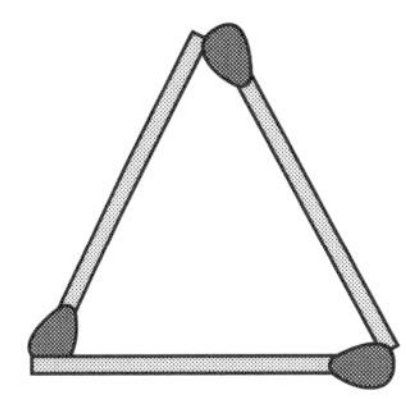

							R	
U								

Antwort: ☐ Dreiecke

c) Wie viele Sechsecke kannst du legen?

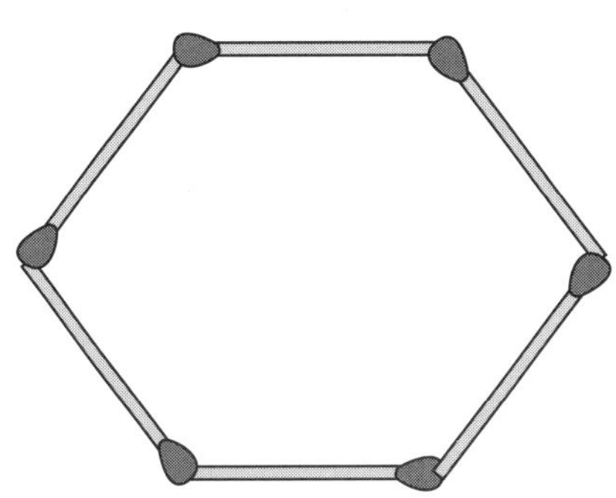

							R	
U								

Antwort: ☐ Sechsecke

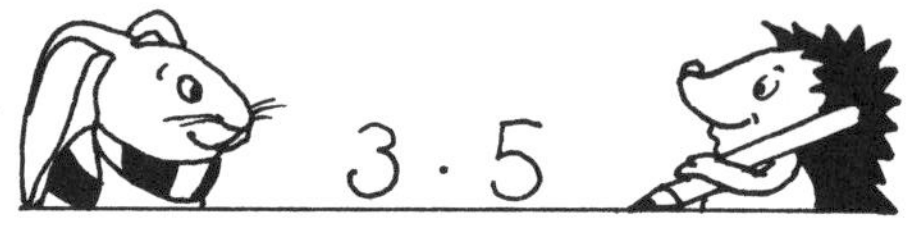

Name:

Im Sportunterricht

In die Klasse 2a gehen 25 Kinder. Im Sportunterricht bilden die Kinder Gruppen. Zeichne Striche ein und rechne.

a) Zweiergruppen: 25 : □ = □ R □   U (□ · □) + □ = □

□ Zweiergruppen, □ Kind bleibt übrig

b) Vierergruppen: 25 : □ = □ R □   U (□ · □) + □ = □

□ Vierergruppen, □ Kind bleibt übrig

c) Dreiergruppen: 25 : □ = □ R □   U (□ · □) + □ = □

□ Dreiergruppen, □ Kind bleibt übrig

d) Zehnergruppen: 25 : □ = □ R □   U (□ · □) + □ = □

□ Zehnergruppen, □ Kinder bleiben übrig

Name:

Teilen mit Rest

1. Rechne im Kopf.

:	2	3	4	5
10	*5*	*3 R 1*		
12				
15				

:	2	3	4	5	6
20					
21	*10 R 1*				
24					

2. Durch welche Zahl wurde geteilt?
Mit der Umkehraufgabe findest du es schnell heraus.

Rest 1	Rest 2	Rest 3	Rest 4
☐ : 2 = 6 R 1	☐ : 10 = 3 R 2	☐ : 10 = 4 R 3	☐ : 10 = 5 R 4
☐ : 4 = 10 R 1	☐ : 3 = 10 R 2	☐ : 5 = 8 R 3	☐ : 5 = 10 R 4
☐ : 5 = 5 R 1	☐ : 5 = 6 R 2	☐ : 5 = 4 R 3	☐ : 5 = 5 R 4

Name:

Verdoppeln und Halbieren

Verdoppeln heißt „mal 2“	Halbieren heißt „geteilt durch 2“

$26 \cdot 2 = ?$

$20 \cdot 2 =$ 40

$6 \cdot 2 =$ ☐

☐ + ☐ = ☐

$26 \cdot 2 =$ ☐

Ich bin doppelt so alt wie meine Tochter Mona. Mona ist 26.

$26 : 2 = ?$

$20 : 2 =$ ☐

$6 : 2 =$ ☐

☐ + ☐ = ☐

$26 : 2 =$ ☐

Ich bin halb so alt wie meine Schwester Mona.

1. Wie alt sind sie? Rechne und trage das Alter ein.

Meine Mutter ist 64. Sie ist doppelt so alt wie ich.

Mein Bruder ist 24 Jahre alt. Ich bin halb so alt wie er.

Ich bin halb so alt wie Niko.

Zähle Sabines, Ninas und Nikos Alter zusammen. Nimm davon die Hälfte.

Sabine 

☐ Jahre

Niko 

☐ Jahre

Nina 

☐ Jahre

Peter 

☐ Jahre

2. Verbinde jedes Zahlenrätsel mit der passenden Rechnung.

Meine Zahl ist das Doppelte von 25. •	• $2 \cdot 7 =$ ☐
Meine Zahl ist das Doppelte von $3 \cdot 4$. •	• $90 : 2 = 45$ $2 \cdot 45 = 90$
Meine Zahl ist die Hälfte von $4 \cdot 7$. •	• $2 \cdot 25 =$ ☐
Meine Zahl ist das Doppelte von der Hälfte von 90. •	• $2 \cdot 3 \cdot 4 = 2 \cdot 12 = 24$ oder $6 \cdot 4$ oder $3 \cdot 8$

5. Kapitel: Addition und Subtraktion (2)

Vorbemerkung

Bei der Addition und Subtraktion von zweistelligen Zahlen (ZE ± ZE) handelt es sich um Rechenoperationen, die mehrere Rechenschritte erfordern. Das sichere Beherrschen des Zehnerübergangs bei Einern ist eine wichtige Voraussetzung für diese Aufgaben.

Kinder mit Lernschwierigkeiten verlieren bei derart komplexen Aufgaben oft den Überblick. Erst recht verwirren sie gegenläufige Rechenzeichen sowie die Gegenüberstellung mehrerer Rechenwege. Deshalb sollten sie jeweils nur ein Verfahren einüben und automatisieren. Als anschauliche Hilfe können das Arbeitsmaterial und grafische Hilfen wie der Rechenstrich und „Strich-Punkt-Zahlen“ dienen.

Es wurden bewusst wiederkehrende Übungsformen gewählt, damit sich die Kinder voll und ganz auf das Rechnen konzentrieren können und nicht durch immer andersartige Aufgabenstellungen abgelenkt werden.

Hinweise zu den Kopiervorlagen

Lerninhalte
- Addieren und Subtrahieren von zweistelligen Zahlen ohne Zehnerübergang
- Nutzen des Rechenvorteils von Tauschaufgaben bei der Addition (größere Zahl als ersten Summanden wählen)
- Ergänzen auf und Vermindern von 100

KV Seite 89/90

Zweistellige Zahlen zusammenzählen
Plusaufgaben mit zweistelligen Zahlen

Für die Addition zweistelliger Zahlen, die zunächst ohne Zehnerübergang erfolgt, gibt es drei mögliche Rechenwege:

1. Zuerst die Zehner dazu, dann die Einer:
   34 + 25 = (34 + 20) + 5 = 54 + 5 = 59
2. Zuerst die Einer dazu, dann die Zehner:
   34 + 25 = (34 + 5) + 20 = 39 + 20 = 59
3. Getrenntes Zusammenfassen von Zehnern und Einern:
   34 + 25 = (30 + 20) + (4 + 5) = 50 + 9 = 59

Auf der Kopiervorlage werden die beiden ersten Rechenwege vorgestellt. Die Rechenzeichen bleiben immer gleich. Die Verfahren sind deshalb problemlos auf die Subtraktion übertragbar und damit auch für leistungsschwächere Schüler geeignet. Das Rechenverfahren, bei dem Zehner und Einer getrennt zusammengefasst werden, kann mithilfe von Zehnerstäben und Einerwürfeln anschaulich vorgeführt werden.

Bei der ersten Aufgabe bleibt der erste Summand zunächst gleich. Die Kinder schreiben die Rechenschritte auf. Wenn die Schüler bei der zweiten Aufgabe noch Schwierigkeiten haben, schreiben sie den ausführlichen Rechenweg in ihr Heft.

Auf Seite 90 nutzen die Kinder den Rechenvorteil der Tauschaufgabe. Besonders wird auch das Ergänzen auf eine Zehnerzahl und das Ergänzen auf 100 geübt.

Lösung Seite 89

Aufgabe 1:

41 + 23 = 41 + 20 + 3 = 64	oder	41 + 3 + 20 = 64
41 + 45 = 41 + 40 + 5 = 86	oder	41 + 5 + 40 = 86
41 + 56 = 41 + 50 + 6 = 97	oder	41 + 6 + 50 = 97

Aufgabe 2:

33 + 20 = 53	52 + 30 = 82	60 + 30 = 90
37 + 21 = 58	53 + 35 = 88	62 + 27 = 89
34 + 23 = 57	58 + 41 = 99	65 + 34 = 99
36 + 22 = 58	56 + 23 = 79	63 + 14 = 77

Lösung Seite 90

Aufgabe 1:

T 12 + 64 = 76	43 + 26 = 69	T 11 + 28 = 39
T 13 + 72 = 85	T 21 + 68 = 89	T 17 + 32 = 49
72 + 25 = 97	T 27 + 52 = 79	74 + 15 = 89

Aufgabe 2:

52 + 28 = 80	63 + 17 = 80	36 + 24 = 60
54 + 36 = 90	35 + 35 = 70	39 + 11 = 50

Die Einer der beiden Summanden ergeben jeweils 10.

Aufgabe 3:

82 + 18 = 100	35 + 65 = 100	13 + 87 = 100
64 + 36 = 100	27 + 73 = 100	41 + 59 = 100
48 + 52 = 100	79 + 21 = 100	56 + 44 = 100

Zweistellige Zahlen voneinander abziehen

KV Seite 91/92

Minusaufgaben mit zweistelligen Zahlen

Analog zur Addition gibt es für die Subtraktion zweistelliger Zahlen ohne Zehnerübergang ebenfalls drei mögliche Rechenwege:

1. Zuerst die Zehner weg, dann die Einer:
   49 – 25 = (49 – 20) – 5 = 29 – 5 = 24
2. Zuerst die Einer weg, dann die Zehner:
   49 – 25 = (49 – 5) – 20 = 44 – 20 = 24
3. Getrenntes Zusammenfassen von Zehnern und Einern:
   49 – 25 = (40 – 20) + (9 – 5) = 20 + 4 = 24

Auch hier werden wieder die beiden Rechenwege vorgestellt, die auch für leistungsschwächere Schüler geeignet sind.

Auf Seite 92 können die Kinder bei der ersten Aufgabe feststellen, dass das Ergebnis immer eine Zehnerzahl ist, wenn Minuend und Subtrahend die gleiche Einerziffer haben. Außerdem trainieren die Kinder das Abziehen von 100. Bei der dritten Aufgabe finden sie schließlich die jeweils vier zu einer „Aufgabenfamilie" gehörenden Aufgaben (Aufgabe – Tauschaufgabe – zwei Umkehraufgaben).

Lösung Seite 91

Aufgabe 1:

98 – 23 = 98 – 20 – 3 = 75 oder 98 – 3 – 20 = 75
98 – 56 = 98 – 50 – 6 = 42 oder 98 – 6 – 50 = 42
98 – 74 = 98 – 70 – 4 = 24 oder 98 – 4 – 70 = 24

Aufgabe 2:

70 – 16 = 54	56 – 24 = 32	99 – 68 = 31
67 – 16 = 51	58 – 27 = 31	44 – 32 = 12
50 – 16 = 34	59 – 28 = 31	88 – 56 = 32
55 – 24 = 31	58 – 23 = 35	96 – 63 = 33
95 – 80 = 15	99 – 25 = 74	97 – 44 = 53

54	35	34	31	32
S	U	P	E	R

15	31	32	31	51	33	12	31	53	74
G	E	R	E	C	H	N	E	T	!

Lösung Seite 92

Aufgabe 1:

52 – 22 = 30	67 – 47 = 20	79 – 49 = 30
58 – 38 = 20	61 – 31 = 30	88 – 68 = 20
54 – 44 = 10	76 – 36 = 40	82 – 42 = 40
63 – 53 = 10	75 – 55 = 20	81 – 71 = 10

Die Einer der beiden Zahlen sind immer gleich.

Aufgabe 2:

–	25	47	81	73	52	16	34	68	29
100	75	53	19	27	48	84	66	32	71

Aufgabe 3:

99 – 66 = 33	75 – 42 = 33	33 + 42 = 75
38 + 12 = 50	99 – 33 = 66	50 – 38 = 12
75 – 33 = 42	42 + 33 = 75	33 + 66 = 99
66 + 33 = 99	12 + 38 = 50	50 – 12 = 38

Verdoppeln

KV Seite 93

Verdoppelt man eine zweistellige Zahl, bei der der Einer kleiner als 5 ist, so entspricht die Rechenoperation einer Addition ohne Zehnerübergang, z. B.:
24 + 24 = (20 + 20) + (4 + 4) = 40 + 8 = 48

Der Rechenweg erfordert folgende Teilschritte:
1. Die Zahl in Zehner und Einer zerlegen.
2. Zuerst die Zehner verdoppeln, dann die Einer.
3. Die beiden Teilergebnisse zusammenzählen.

Dieser Rechenweg ermöglicht grundsätzlich das Verdoppeln aller Zahlen, allerdings ergibt sich bei einer Einerziffer von 5 bis 9 ein Zehnerübergang.

Die Voraussetzung für das Halbieren, das nicht auf einer eigenen Kopiervorlage thematisiert wird, ist, dass es sich um eine gerade Zahl handelt. Man unterscheidet, ob die Zehnerziffer gerade oder ungerade ist:

Halbieren von Zehner-Einer-Zahlen	
mit gerader Zehnerziffer:	mit ungerader Zehnerziffer:
	56 = 50 + 6
48 = 40 + 8	50 = 25 + 25, 6 = 3 + 3
40 = 20 + 20, 8 = 4 + 4	56 = (25 + 3) + (25 + 3)
48 = (20 + 4) + (20 + 4)	56 = 28 + 28
48 = 24 + 24	

Die beiden Rechenwege erfordern folgende Teilschritte:
1. Die Zahl in Zehner und Einer zerlegen.
2. Zuerst die Zehner halbieren, dann die Einer.
3. Die beiden Teilergebnisse zusammenzählen.

Lösung

Aufgabe 1: verdoppeln

21 = 2 Z + 1 E	4 Z + 2 E = 42
33 = 3 Z + 3 E	6 Z + 6 E = 66
42 = 4 Z + 2 E	8 Z + 4 E = 84
12 = 1 Z + 2 E	2 Z + 4 E = 24
23 = 2 Z + 3 E	4 Z + 6 E = 46

Aufgabe 2:

Zahl	32	24	41	13	31	43	11	22	44	14
das Doppelte	64	48	82	26	62	86	22	44	88	28

Lerninhalte
- Addieren und Subtrahieren von zweistelligen Zahlen mit Zehnerübergang
- Nutzen des Rechenvorteils von Tauschaufgaben bei der Addition (größere Zahl als ersten Summanden wählen)

KV Seite 94–96

Plusaufgaben mit Zehnerübergang
Minusaufgaben mit Zehnerübergang
Plus und minus über den Zehner

Für die Addition und Subtraktion mit Zehnerübergang gibt es jeweils vier Rechenwege, wobei auch hier die ersten beiden Möglichkeiten empfehlenswert sind. Der dritte und der vierte Rechenweg sind entweder sehr fehleranfällig oder nur bei der Addition sinnvoll einsetzbar. Die Kinder erkennen die dekadische Analogie für das Rechnen mit den Einern über den Zehner, d.h. kindgemäß: „Das Rechnen funktioniert in jedem Zehner gleich."

Mögliche Rechenwege bei der Addition mit Zehnerübergang:

1. Zuerst die Zehner dazu, dann die Einer:
   34 + 17 = (34 + 10) + 7 = (44 + 6) + 1 =
   50 + 1 = 51
2. Zuerst die Einer dazu, dann die Zehner:
   34 + 17 = (34 + 6 + 1) + 10 = (40 + 1) + 10 =
   41 + 10 = 51
3. Getrenntes Zusammenfassen von Zehnern und Einern:
   34 + 17 = (30 + 10) + (4 + 7) = 40 + 11 = 51
4. Gegensinniges Verändern der Zahlen:
   34 + 17 = (34 – 3) + (17 + 3) = 31 + 20 = 51

Mögliche Rechenwege bei der Subtraktion mit Zehnerübergang:

1. Zuerst die Zehner weg, dann die Einer:
   54 – 37 = (54 – 30) – 7 = (24 – 4) – 3 =
   20 – 3 = 17
2. Zuerst die Einer weg, dann die Zehner:
   54 – 37 = (54 – 4 – 3) – 30 = (50 – 3) – 30 =
   47 – 30 = 17
3. Getrenntes Zusammenfassen von Zehnern und Einern:
   54 – 37 = (50 – 30) + 4 – 7 = 20 + 4 – 7 =
   24 – 7 = 17
4. Gleichsinniges Verändern der Zahlen:
   54 – 37 = (54 + 3) – (37 + 3) = 57 – 40 = 17

Lösung Seite 94

Aufgabe 1:

45 + 28 = 45 + 20 + 8 = 73	oder	45 + 8 + 20 = 73
45 + 39 = 45 + 30 + 9 = 84	oder	45 + 9 + 30 = 84
45 + 17 = 45 + 10 + 7 = 62	oder	45 + 7 + 10 = 62

Aufgabe 2:

55 + 29 = 84	56 + 26 = 82	63 + 18 = 81
49 + 46 = 95	48 + 23 = 71	49 + 47 = 96
59 + 32 = 91	47 + 46 = 93	67 + 16 = 83
58 + 36 = 94	67 + 23 = 90	59 + 28 = 87

91	94	95	87	81
P	R	I	M	A

82	93	96	84	71	90	83
G	E	L	Ö	S	T	!

Lösung Seite 95

Aufgabe 1:

95 – 28 = 95 – 20 – 8 = 67 oder 95 – 8 – 20 = 67
83 – 65 = 83 – 60 – 5 = 18 oder 83 – 5 – 60 = 18
72 – 37 = 72 – 30 – 7 = 35 oder 72 – 7 – 30 = 35

Aufgabe 2:

83 – 56 = 27	73 – 45 = 28	72 – 16 = 56
61 – 16 = 45	81 – 54 = 27	93 – 78 = 15
92 – 45 = 47	66 – 37 = 29	51 – 25 = 26

47	26	28	56	27	45	29	27	15
S	U	P	E	R	H	I	R	N

Lösung Seite 96

Aufgabe 1:

T 18 + 44 = 62	49 + 26 = 75	T 19 + 38 = 57
T 13 + 79 = 92	T 25 + 68 = 93	T 14 + 49 = 63
56 + 25 = 81	T 27 + 58 = 85	77 + 15 = 92
54 + 37 = 91	76 + 18 = 94	T 26 + 66 = 92

Aufgabe 2:

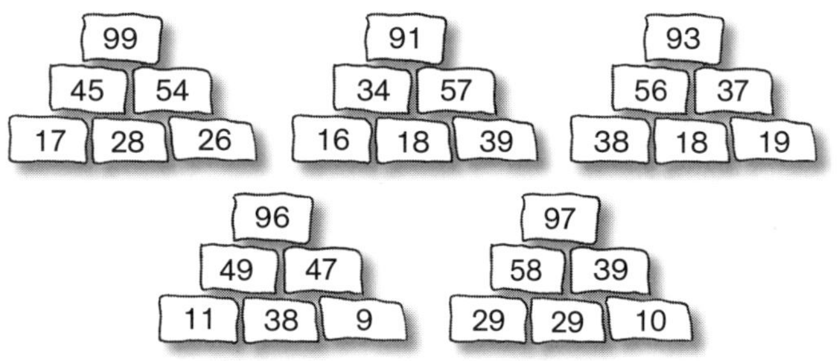

Aufgabe 3:

95 – 39 = 56	84 – 57 = 27	95 – 56 = 39
13 + 49 = 62	56 + 39 = 95	49 + 13 = 62
57 + 27 = 84	27 + 57 = 84	84 – 27 = 57
62 – 49 = 13	62 – 13 = 49	39 + 56 = 95

Lerninhalte

- Addieren und Subtrahieren von zweistelligen Zahlen ohne und mit Zehnerübergang
- Lösen von Gleichungen mithilfe von Tausch- und Umkehraufgaben

KV Seite 97

Gleichungen

Bei sogenannten Platzhalter-Aufgaben steht die Zahl, die berechnet werden muss, nicht hinter dem Gleichheitszeichen, sondern als erste oder zweite Zahl vor dem Gleichheitszeichen. Das Umformen dieser Aufgaben erleichtert das Rechnen. Wiederholen Sie deshalb vor der Bearbeitung der Kopiervorlage das Bilden von Tausch- und Umkehraufgaben zu einer Aufgabe.

Um die Kinder zum Umformen der Gleichung zu motivieren, können Sie für leistungsstarke Schüler das folgende Zahlenrätsel stellen: „Ich denke mir eine Zahl. Wenn ich meine Zahl zu 39 dazuzähle, erhalte ich 93.“ (vgl. dazu auch Seite 111)

Lösung

Aufgabe 1:

35 + 18 = 53	24 + 18 = 42	37 + 36 = 73
U 53 – 35 = 18	U 42 – 24 = 18	U 73 – 37 = 36
18 + 46 = 64	54 + 17 = 71	18 + 68 = 86
U 64 – 46 = 18	U 71 – 54 = 17	U 86 – 68 = 18

Aufgabe 2:

96 – 39 = 57	72 – 54 = 18	76 – 27 = 49
U 57 + 39 = 96	U 18 + 54 = 72	U 49 + 27 = 76

Aufgabe 3:

94 – 45 = 49	63 – 27 = 36	75 – 18 = 57
T 94 – 49 = 45	T 63 – 36 = 27	T 75 – 57 = 18
63 – 27 = 36	91 – 72 = 19	82 – 54 = 28
T 63 – 36 = 27	T 91 – 19 = 72	T 82 – 28 = 54

Leistungsstarke Kinder stellen bei der ersten und dritten Aufgabe fest, dass es sich bei der ersten und der letzten Zahl jeweils um Verwechslungszahlen handelt (Zehner und Einer sind vertauscht).

Name:

Zweistellige Zahlen zusammenzählen

Weg 1:
Zuerst die Zehner dazu,
dann die Einer.

Weg 2:
Zuerst die Einer dazu,
dann die Zehner.

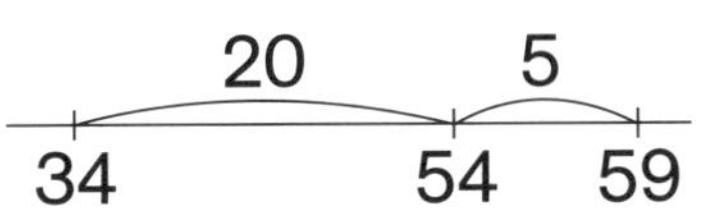

34 + 20 = 54 54 + 5 = 59

34 + 20 + 5 = ☐

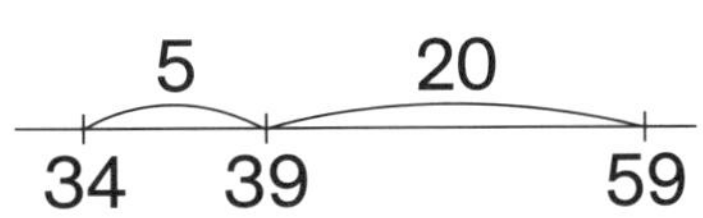

34 + 5 = 39 39 + 20 = 59

34 + 5 + 20 = ☐

1. Zeichne die Rechenschritte ein und rechne in zwei Schritten.

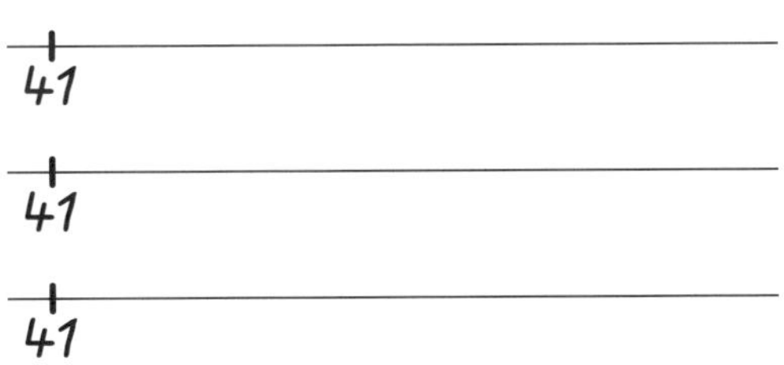

41 + 23 = [41] + ☐ + ☐ = ☐

41 + 45 = ☐ + ☐ + ☐ = ☐

41 + 56 = ☐ + ☐ + ☐ = ☐

2. Rechne die beiden Schritte im Kopf.

3	3	+	2	0	=		
3	7	+	2	1	=		
3	4	+	2	3	=		
3	6	+	2	2	=		

5	2	+	3	0	=		
5	3	+	3	5	=		
5	8	+	4	1	=		
5	6	+	2	3	=		

6	0	+	3	0	=		
6	2	+	2	7	=		
6	5	+	3	4	=		
6	3	+	1	4	=		

Name:

Plusaufgaben mit zweistelligen Zahlen

Ich rechne die Tauschaufgabe, wenn die größere Zahl hinten steht.

1. Unterstreiche in jeder Aufgabe die größere Zahl und schreibe T davor, wenn du die Tauschaufgabe rechnest.

	1	2	+	6	4	=		
	1	3	+	7	2	=		
	7	2	+	2	5	=		

	4	3	+	2	6	=		
	2	1	+	6	8	=		
	2	7	+	5	2	=		

	1	1	+	2	8	=		
	1	7	+	3	2	=		
	7	4	+	1	5	=		

2. Das Ergebnis ist immer eine Zehnerzahl.

5	2	+	2	8	=		
5	4	+	3	6	=		

6	3	+	1	7	=		
3	5	+	3	5	=		

3	6	+	2	4	=		
3	9	+	1	1	=		

Warum?

3. Ergänze auf 100.

73 + ? = 100	
Ergänze zuerst die Einer auf den nächsten Zehner:	73 + 7 = 80
Ergänze dann die Zehner auf 100:	80 + 20 = 100
Zähle nun die Teilergebnisse zusammen:	20 + 7 = 27
	73 + 27 = 100

8	2	+			=	1	0	0
6	4	+			=	1	0	0
4	8	+			=	1	0	0

3	5	+			=	1	0	0
2	7	+			=	1	0	0
7	9	+			=	1	0	0

1	3	+			=	1	0	0
4	1	+			=	1	0	0
5	6	+			=	1	0	0

Name:

Zweistellige Zahlen voneinander abziehen

Weg 1:
Zuerst die Einer weg, dann die Zehner.

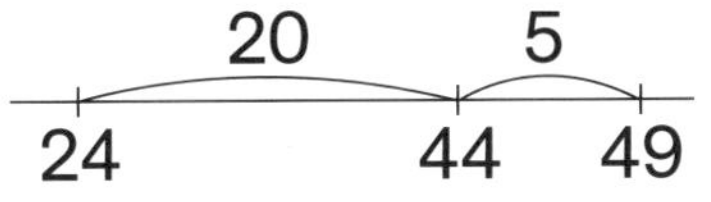

49 − 5 = 44   44 − 20 = 24

49 − 5 − 20 = ☐

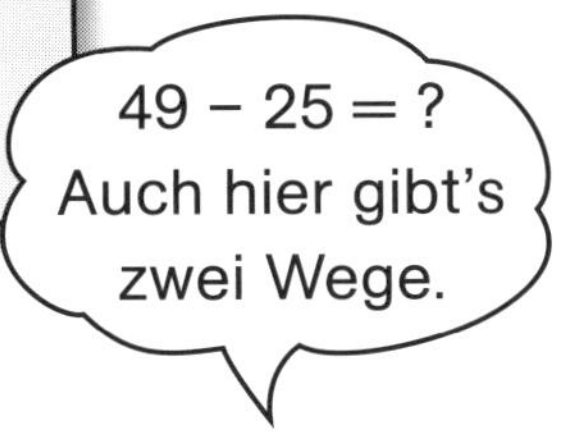

Weg 2:
Zuerst die Zehner weg, dann die Einer.

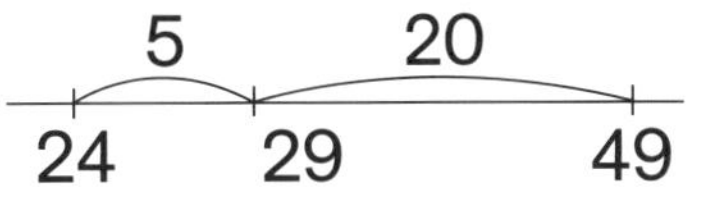

49 − 20 = 29   29 − 5 = 24

49 − 20 − 5 = ☐

1. Zeichne die Rechenschritte ein und rechne in zwei Schritten.

98 − 23 = 98 − ☐ − ☐ = ☐

98 − 56 = ☐ − ☐ − ☐ = ☐

98 − 74 = ☐ − ☐ − ☐ = ☐

2. Rechne die beiden Schritte im Kopf. Schreibe dann unten zu jeder Zahl den richtigen Buchstaben. Wie heißt die Lösung?

70 − 16 =		S
67 − 16 =		C
50 − 16 =		P
55 − 24 =		E
95 − 80 =		G

56 − 24 =		R
58 − 27 =		E
59 − 28 =		E
58 − 23 =		U
99 − 25 =		!

99 − 68 =		E
44 − 32 =		N
88 − 56 =		R
96 − 63 =		H
97 − 44 =		T

54	35	34	31	32

15	31	32	31	51	33	12	31	53	74

Name:

Minusaufgaben mit zweistelligen Zahlen

1. Das Ergebnis ist immer eine Zehnerzahl.

52 − 22 =	67 − 47 =	79 − 49 =
58 − 38 =	61 − 31 =	88 − 68 =
54 − 44 =	76 − 36 =	82 − 42 =
63 − 53 =	75 − 55 =	81 − 71 =

Warum?

2. Ziehe von 100 ab.

100 − 25 = ?

−	25	47	81	73	52	16	34	68	29
100	75								

3. Welche vier Aufgaben gehören zu einer Aufgabenfamilie?
Rahme sie mit der gleichen Farbe ein und rechne.

99 − 66 = ☐	75 − 42 = ☐	33 + 42 = ☐
38 + 12 = ☐	99 − 33 = ☐	50 − 38 = ☐
75 − 33 = ☐	42 + 33 = ☐	33 + 66 = ☐
66 + 33 = ☐	12 + 38 = ☐	50 − 12 = ☐

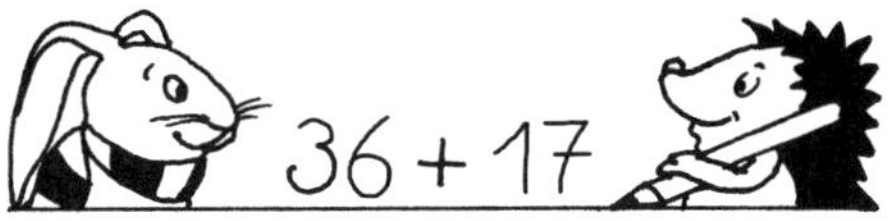

Verdoppeln

Das Doppelte von 34?

Mein Tipp:
Zerlege die Zahlen in Zehner und Einer.

So kannst du *jede* Zahl verdoppeln:

Zerlege die Zahl in **Z**ehner und **E**iner: 34 = 30 + 4

Verdopple die Zehner: 30 + 30 = 60
Verdopple die Einer: 4 + 4 = 8

Zähle die beiden Ergebnisse zusammen: 60 + 8 = ☐

Das Doppelte von 34 ist ☐.

1. Zerlege und rechne.

verdoppeln

2	1	=	2	Z	+	1	E
3	3	=					
4	2	=					
1	2	=					
2	3	=					

4	Z	+	2	E	=		

2. Schreibe das Doppelte auf.

Zahl	32	24	41	13	31	43	11	22	44	14
das Doppelte										

Name:

Plusaufgaben mit Zehnerübergang

Weg 1:
Zuerst die Zehner dazu, dann die Einer.

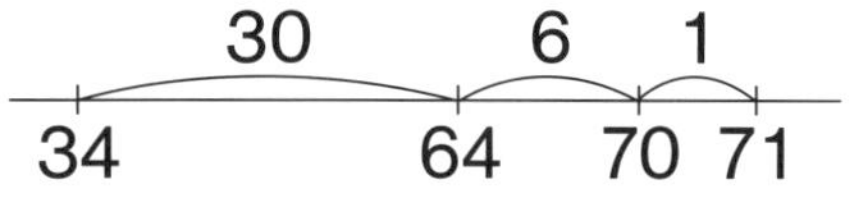

34 + 30 = 64   64 + 7 = 71

34 + 30 + 6 + 1 = ☐

Weg 2:
Zuerst die Einer dazu, dann die Zehner.

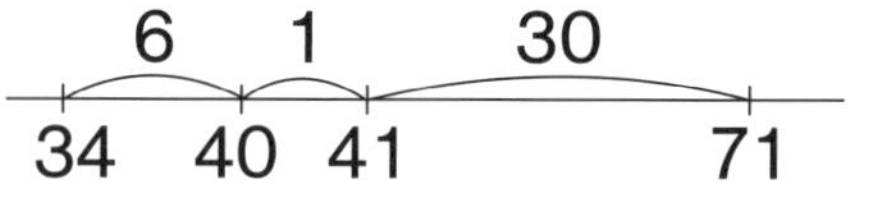

34 + 7 = 41   41 + 30 = 71

34 + 6 + 1 + 30 = ☐

1. Zeichne die Rechenschritte ein und rechne in drei Schritten.

45 + 28 = 45 + ☐ + ☐ = ☐

45 + 39 = ☐ + ☐ + ☐ = ☐

45 + 17 = ☐ + ☐ + ☐ = ☐

2. Rechne die drei Schritte im Kopf. Schreibe dann unten zu jeder Zahl den richtigen Buchstaben. Wie heißt die Lösung?

55 + 29 =	Ö
49 + 46 =	I
59 + 32 =	P
58 + 36 =	R

56 + 26 =	G
48 + 23 =	S
47 + 46 =	E
67 + 23 =	T

63 + 18 =	A
49 + 47 =	L
67 + 16 =	!
59 + 28 =	M

91	94	95	87	81

82	93	96	84	71	90	83

Name:

Minusaufgaben mit Zehnerübergang

54 – 37 = ?

Auch für diese Minusaufgaben gilt: Zwei Wege, drei Rechenschritte.

Weg 1: Zuerst die Einer weg, dann die Zehner.	Weg 2: Zuerst die Zehner weg, dann die Einer.

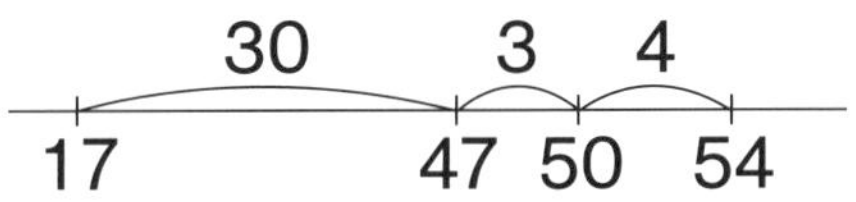

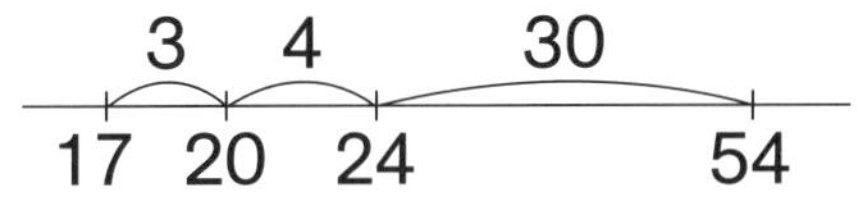

54 – 7 = 47   47 – 30 = 17

54 – 4 – 3 – 30 = ☐

54 – 30 = 24   24 – 7 = 17

54 – 30 – 4 – 3 = ☐

1. Zeichne die Rechenschritte ein rechne in drei Schritten.

95 – 28 = 95 – ☐ – ☐ = ☐

83 – 65 = ☐ – ☐ – ☐ = ☐

72 – 37 = ☐ – ☐ – ☐ = ☐

2. Rechne die drei Schritte im Kopf. Schreibe dann unten zu jeder Zahl den richtigen Buchstaben. Wie heißt die Lösung?

83 – 56 = R	73 – 45 = P	72 – 16 = E
61 – 16 = H	81 – 54 = R	93 – 78 = N
92 – 45 = S	66 – 37 = I	51 – 25 = U

47	26	28	56	27	45	29	27	15

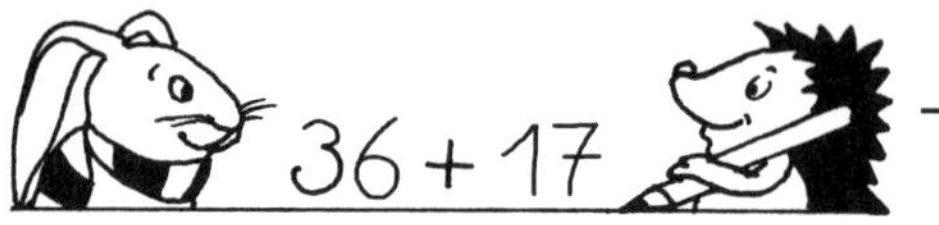

Name:

Plus und minus über den Zehner

1. Unterstreiche in jeder Aufgabe die größere Zahl und schreibe T davor, wenn du die Tauschaufgabe rechnest.

18 + 44 =
13 + 79 =
56 + 25 =
54 + 37 =

49 + 26 =
25 + 68 =
27 + 58 =
76 + 18 =

19 + 38 =
14 + 49 =
77 + 15 =
26 + 66 =

2. Finde die fehlenden Zahlen.

Pyramide 1: oben 99; Mitte 45, ___; unten 17, ___, ___

Pyramide 2: oben 91; Mitte ___, 57; unten ___, 18, ___

Pyramide 3: oben ___; Mitte 56, 37; unten ___, 18, ___

Pyramide 4: oben 96; Mitte 49, ___; unten ___, 38, ___

Pyramide 5: oben ___; Mitte 58, ___; unten 29, ___, 10

3. Welche vier Aufgaben gehören zu einer Aufgabenfamilie? Rahme sie mit der gleichen Farbe ein und rechne.

95 − 39 = ☐
13 + 49 = ☐
57 + 27 = ☐
62 − 49 = ☐

84 − 57 = ☐
56 + 39 = ☐
27 + 57 = ☐
62 − 13 = ☐

95 − 56 = ☐
49 + 13 = ☐
84 − 27 = ☐
39 + 56 = ☐

Name:

Gleichungen

39 + ☐ = 93

Tauschaufgabe ☐ + 39 = 93

Umkehraufgabe 93 – 39 = ☐

1. Finde die fehlende Zahl mit der Umkehraufgabe.

	3	5	+			=	5	3
U	5	3	-	3	5	=		

	2	4	+			=	4	2
U								

	3	7	+			=	7	3
U								

			+	4	6	=	6	4
U	6	4	-	4	6	=		

			+	1	7	=	7	1
U								

			+	6	8	=	8	6
U								

2. Rechne die Umkehraufgabe.

			–	3	9	=	5	7
U	5	7	+	3	9	=		

			–	5	4	=	1	8
U								

			–	2	7	=	4	9
U								

3. Rechne hier die Tauschaufgabe.

	9	4	–			=	4	9
T	9	4	-	4	9	=		

	6	3	–			=	3	6
T								

	7	5	–			=	5	7
T								

	6	3	–			=	3	6
T								

	9	1	–			=	1	9
T								

	8	2	–			=	2	8
T								

6. Kapitel: Größen und Arbeit an Sachsituationen

Vorbemerkung

Die Kopiervorlagen dieses Kapitels dienen der Veranschaulichung und Vertiefung der Grundrechenarten. Sie bauen außerdem auf arithmetische Kenntnisse auf, indem sie zahlreiche Möglichkeiten bieten, die Arithmetik mit anderen Bereichen zu verknüpfen.

Der Themenbereich Zeit, den die Kinder bereits aus der ersten Jahrgangsstufe kennen, wird um die Einheiten Monat und Minute ergänzt, woraus sich neue Aufgabenstellungen zum Bestimmen der Zeitdauer ergeben. Beim Thema Geld werden die Geldwerte und Geldbeträge auf den Zahlenraum bis 100 erweitert und die Kommaschreibweise wird eingeführt. Als neuer Größenbereich kommen die Längenmaße mit den Einheiten Meter und Zentimeter dazu, die einen vielfältigen handelnden Umgang und konkrete Erfahrungen ermöglichen.

Hinweise zu den Kopiervorlagen

Lerninhalte

- Erschließen von Sachsituationen aus Texten und Abbildungen
- Erstellen von Zeichnungen zu Sachsituationen
- Finden und Beantworten von Rechenfragen zu Sachsituationen
- Finden von Gleichungen zu Sachsituationen
- Beschreiben und Begründen des Lösungswegs
- Lesen und Anfertigen eines einfachen Schaubildes

Bereits im zweiten Schuljahr können Sie Ihre Schüler schrittweise an das Lösen von Sachaufgaben heranführen. Allerdings haben vor allem leistungsschwächere Schüler oft Probleme beim Erfassen des Textes und bei der Umsetzung in mathematische Symbole. Hier kann es hilfreich sein, die Kinder Handlungsabläufe nachspielen und Situationen mit konkreten Gegenständen darstellen zu lassen.

KV Seite 106

So löse ich eine Rechengeschichte

Am Beispiel der Rechengeschichte auf dieser Kopiervorlage lernen die Kinder die für die Lösung einer Sachaufgabe erforderlichen Schritte kennen. Sie erhalten so einen Überblick, bevor auf den folgenden Kopiervorlagen der Schwerpunkt auf einzelne Teilbereiche gelegt wird.

Die ersten drei Schritte beziehen sich auf den Text der Rechengeschichte selbst, die Schritte 4 bis 6 beschreiben die Lösungsschritte Frage – Rechnung – Antwort. Diese sechs Schritte werden im Folgenden genauer beschrieben. Zu einem Merkblatt zusammengefasst können sie im Klassenzimmer aufgehängt werden:

1. Lies genau.
Je nach Aufgabenstellung ist dieser Auftrag durch eine genaue Arbeitsanweisung zu konkretisieren: Bei einfachen Aufgaben, bei denen kaum Verständnisschwierigkeiten zu erwarten sind, genügt es, wenn die Kinder alle Zahlen einkreisen. In längeren und schwierigeren Texten sollten die Kinder unklare und unbekannte Wörter und Ausdrücke unterstreichen, die dann in einem Unterrichtsgespräch geklärt werden.

2. Erzähle.
Nach mindestens zweimaligem Lesen der Aufgabenstellung geben die Kinder den Text mit eigenen Worten wieder. Dabei zeigt sich, ob sie den Text verstanden haben und sich die Situation vorstellen können.

3. Zeichne.
Eine selbst gefertigte Zeichnung kann die Aufgabensituation veranschaulichen. Sogenannte „Hilfsfragen" regen die Kinder an, die logische Abfolge zu klären und den Dreischritt der Handlung hervorzuheben: Zuerst – dann – zum Schluss/zuletzt.

4. Frage.
Beim Finden einer passenden Rechenfrage wird zugleich das Textverständnis überprüft. Stehen mehrere Fragen zur Auswahl, so sind deren Besonderheiten gemeinsam zu klären. Die Kinder lernen zwischen Fragen zum Text und „Rechenfragen" zu unterscheiden.

5. Rechne.
Vor dem Rechnen überlegen die Kinder, ob die Menge größer oder kleiner wird. Dann „übersetzen" sie den Handlungsablauf in eine mathematische Operation. Welches Wort im Text gibt darauf einen Hinweis? Die Kinder unterstreichen das Schlüsselwort (auf Seite 106 die Wörter „schenken/verschenken") und finden ein anderes Wort mit derselben Bedeutung (z. B. „weggeben").

6. Antworte.
Der Antwortsatz stellt den Bezug zur Rechengeschichte wieder her. Die Kinder verwenden dafür die Wörter der Frage, den Ausdruck „wie viele" ersetzen sie durch die berechnete Zahl.

Lösung

Aufgabe 4:

Die einzige Frage, zu der eine Rechnung aufgestellt werden kann, lautet:
„Wie viele Blumen hat der Hase zum Schluss?"

Aufgabe 5:

Der Hase hat zum Schluss weniger Blumen als am Anfang.
Rechnung: 25 – 12 = 13

Aufgabe 6:

Der Hase hat zum Schluss 13 Blumen.

KV Seite 107

Die richtige Rechenfrage

Der vierte Schritt des Lösungsschemas, das Finden der passenden Rechenfrage, wird auf dieser Kopiervorlage exemplarisch bearbeitet. Zum Einstieg können Sie die Kinder dazu anleiten, sogenannte Rechengeschichten als „mathematische Texte" von anderen Texten zu unterscheiden.

Bieten Sie dafür den Text der Aufgabe an der Tafel oder auf Folie ohne Zahlen an:
„Lena und Max haben zusammen Luftballons aufgeblasen. Lukas schafft weniger als die beiden zusammen. Beim Aufhängen zerplatzen ihnen Ballons."

Die Kinder werden schnell feststellen, dass sie bei dieser Aufgabe nichts ausrechnen können. Setzen Sie dann die Zahl 14 ein und zeigen Sie, dass es sich noch immer nicht um eine sinnvolle Rechengeschichte handelt. So wird deutlich, dass man zum Rechnen wenigstens zwei Zahlen braucht. Nach dem Einsetzen der Zahlen 6 und 5 finden die Kinder in Partnerarbeit eine passende Frage und schreiben sie auf.

Nun sind die Kinder bereits mit dem Text vertraut und untersuchen die vorgegebenen Rechenfragen anhand der folgenden Leitfragen:

1. Auf welche Fragen kannst du nicht mit einer Zahl antworten?
2. Zu welchen 3 Fragen kannst du rechnen und antworten?

Verdeutlichen Sie beim anschließenden Unterrichtsgespräch noch einmal Folgendes:

- Bei Fragen mit den Fragewörtern wer, was, wie, warum, wann, wo, woher, wohin … (Frage 1 und 3) und bei Entscheidungsfragen (Frage 7) gibt es nichts zu rechnen. Diese Fragen sind keine Rechenfragen, da es beim Rechnen um Mengen geht, die mit den genannten Fragetypen nicht erfragt werden können.
- Fragen mit den Fragewörtern wie viel, wie viele, wie teuer, wie alt, wie lange … haben eine Zahl als Lösung.

Zu unterscheiden sind hierbei:

- „Wiederholungsfragen": Die Lösung, d.h. die Zahl wird schon im Text genannt. (Frage 2 und 4)
- „Quatschfragen": Die Frage passt nicht zum Text bzw. ist nicht wichtig. (Frage 5 und 8)
- die eigentlichen Rechenfragen, bei denen man etwas ausrechnen kann (Frage 6, 9 und 10)

Fertigen Sie vor dem Lösen der Aufgaben gemeinsam mit den Kindern eine Zeichnung an, die den Situationszusammenhang wiederholt und die Reihenfolge der Rechenschritte vorwegnimmt. Zu den drei Rechenfragen sollten die Kinder jeweils die Schritte Frage – Rechnung – Antwort in ihr Heft schreiben.
Hinweis: Bei Lernzielkontrollen und anderen Arbeiten zur Leistungsfeststellung sollten Sie die Rechenfrage vorgeben. Ansonsten besteht die Gefahr, dass die Kinder den Text aufgrund eines Missverständnisses falsch interpretieren, als Folgefehler die gesamte Sachaufgabe falsch berechnen und Sie diese nicht als Leistungsnachweis werten können.

Lösung

Aufgabe 1:

Frage 2 (3 Kinder) und Frage 4 (14 Luftballons)

Aufgabe 2b:

Frage 6: 14 – 6 = 8
Frage 10: 14 + 8 = 22
Frage 9: 22 – 5 = 17

KV Seite 108

Die Antwort auf die Rechenfrage

Auf dieser Kopiervorlage steht der sechste Schritt des Lösungsschemas, die Antwort auf die Rechenfrage, im Mittelpunkt. Zunächst werden die ersten drei Schritte, mithilfe derer der Inhalt der Rechengeschichte erfasst werden soll, wiederholt. Die Antwort auf die vorgegebene Rechenfrage erfordert einen logischen Zwischenschritt, der beim Zeichnen deutlich wird: Bevor ich die Zahl der Bälle im dritten Fach berechnen kann, muss ich wissen, wie viele Bälle im ersten und zweiten Fach zusammen liegen. Es handelt sich also um eine zweigliedrige Sachaufgabe, die zwei Rechnungen erfordert.

Die vorgestellte Gliederung Frage 1 – Rechnung 1 – Frage 2 – Rechnung 2 zeigt, wie sich der Lösungsweg für den Leser nachvollziehbar notieren lässt. Die zweite Rechnung 18 + ☐ = 25 kann durch Ergänzen oder mithilfe der Umkehraufgabe 25 – 18 = 7 gelöst werden.

Schließlich erfolgt die Rückbesinnung auf die Rechengeschichte, indem die Kinder die zur Rechenfrage passende Antwort ankreuzen und ergänzen. Der Antwortsatz kann mithilfe der Wörter der Rechenfrage formuliert werden.

Frage: [Wie viele] [Bälle] [liegen] [im dritten Fach]?

Antwort: [Im dritten Fach] [liegen] [ ] [Bälle].

Lösung
Aufgabe 4:
a) Rechnung 1: 9 + 9 = 18
b) Frage 2: Wie viele Bälle liegen im dritten Fach?
Rechnung 2: 25 – 18 = 7

Aufgabe 5:

	Im Regal liegen 25 Bälle.	X	Im dritten Fach liegen 7 Bälle.
	Im ersten Fach liegen 9 Bälle.		Im zweiten Fach liegen 9 Bälle.

KV Seite 109

Freizeitsport
Sprechen Sie mit den Kindern über ihre Freizeitbeschäftigungen: Welche Hobbys hast du? Wie viel Zeit verbringst du damit? Was machst du in deiner Freizeit sonst noch gerne? Treibst du in deiner Freizeit Sport? Wenn ja, welche Sportart?

Zeigen Sie dann ohne Kommentar das Schaubild auf Folie, sodass sich die Kinder dazu äußern können. Die zum Rechnen erforderlichen Zahlen werden dem Säulendiagramm entnommen. Anschließend lösen die Kinder die Aufgaben selbstständig und erstellen schließlich ein passendes Balkendiagramm.

Lösung
Aufgabe 1:

Laufen	Ballett	Fußball	Schwimmen	andere Sportart
10	3	15	5	10

Aufgabe 2:
10 + 3 + 15 + 5 + 10 = 43

Aufgabe 3:
50 – 43 = 7

Weiterführender Vorschlag
Die Kinder führen in ihrer Klasse, ihrer Klassenstufe oder an ihrer Schule eine ähnliche Umfrage durch. Mögliche Themen können z. B. Freizeitbeschäftigungen, Sportarten, Musikinstrumente, die erlernt werden, sein. Mithilfe der gewonnenen Informationen erstellen sie verschiedene Schaubilder. Zugleich ergeben sich daraus zahlreiche Rechenanlässe.

KV Seite 110

Eine Zeichnung hilft
Auf dieser Kopiervorlage wird der dritte Schritt des Lösungsschemas – das Erstellen einer passenden Zeichnung – an zwei Beispielen vorgestellt und erarbeitet.

Bereits mit einer einfachen Skizze lässt sich der Inhalt einer Rechengeschichte übersichtlich darstellen. Für das Anfertigen der Zeichnung ist es erforderlich, dass die Kinder den Text mehrmals lesen und immer wieder überprüfen, ob die grafische Umsetzung dem Text entspricht.

Bei der ersten Aufgabe wählen die Kinder aus den vorgegebenen Zeichnungen die passende aus, anschließend erstellen sie selbstständig eine zum Text passende Skizze und stellen damit ihr Textverständnis unter Beweis. Beide Aufgaben werden mit Rechnung und Antwort vervollständigt.

Lösung
Aufgabe 1:
Zeichnung b)
Rechnung 1: 3 · 5 = 15
Rechnung 2: 2 · 15 = 30
Antwort: In der Klasse 2a sind 30 Kinder.

Aufgabe 2:
Rechung: 50 : 8 = 6 R 2
Antwort: Auf 6 Matten sitzen jeweils 6 Kinder, auf 2 Matten sitzen jeweils 7 Kinder.

KV Seite 111

Zahlenrätsel
Der Schwierigkeitsgrad von Sachaufgaben erhöht sich, sobald die Kinder alle vier Grundrechenarten (Addition, Subtraktion, Multiplikation, Division) kennengelernt haben, da die Anzahl der möglichen Rechenoperationen steigt. Während der Text der Zahlenrätsel die „lange Rechengeschichte" präsentiert, lässt sich die Gleichung als „kurze Rechengeschichte" auffassen. Beim Lösen ist das Beachten der Schlüsselwörter wichtig, da sie den entscheidenden Hinweis auf die benötigte Rechenoperation geben. Zugleich geben sie darüber Auskunft, ob als Ergebnis eine größere oder eine kleinere Zahl als die Ausgangszahl zu erwarten ist, was wiederum beim Überprüfen des berechneten Ergebnisses hilfreich ist.

Als Lösungshilfe können Sie leistungsschwächeren Schülern die Gleichungen auf einer Folie oder einem Blatt vorgeben, sodass sie sie den entsprechenden Zahlenrätseln nur noch zuzuordnen brauchen.

Es empfiehlt sich, eine Übersicht der Schlüsselwörter zu erstellen, die auf die jeweiligen Rechenoperationen hinweist, z. B.:

Die Menge wird größer.	
+ plus	· mal
dazuzählen größer als mehr haben als dazukommen vergrößern verdoppeln bekommen erhalten gewinnen	malnehmen verdoppeln das …fache von zu je …
Die Menge wird kleiner.	
– minus	: geteilt
abziehen wegnehmen kleiner als weniger haben als halbieren verringern verschenken verlieren (Geld) ausgeben	teilen halbieren der …te Teil

Lösung

① größer 36 + 10 = □ 36 + 10 = 46	② größer □ : 2 = 36 72 : 2 = 36	③ kleiner □ · 4 = 36 9 · 4 = 36
④ größer □ – 4 = 36 40 – 4 = 36	⑤ kleiner □ + 4 = 36 32 + 4 = 36	⑥ größer □ : 3 = 6 18 : 3 = 6
⑦ kleiner 36 – 10 = □ 36 – 10 = 26	⑧ kleiner □ · 2 = 36 18 · 2 = 36	

Lerninhalte

- Kennenlernen der Längenmaße Meter (m) und Zentimeter (cm)
- Messen von realen Gegenständen und Strecken
- Schätzen von Längen mithilfe bekannter Längen
- Zeichnen vorgegebener Längen mit dem Lineal

Über die eigene Körpergröße wurden die Kinder in der Regel bereits im Alltag mit Längen konfrontiert. Die Hinführung zu den Längenmaßen kann über den Vergleich der Körpergrößen zweier Kinder erfolgen. Beim „direkten Vergleich" stellen sich zwei Kinder nebeneinander auf, sodass das Verhältnis mit den Begriffen „größer" und „kleiner" beschrieben werden kann. Beim „indirekten Größenvergleich" wird die Körperlänge mit selbst gewählten Maßen beschrieben, z. B. die Körpergröße wird auf einem Stück Tapete markiert und in Schrittlängen „übersetzt". Daraus ergibt sich die Notwendigkeit eines normierten Einheitsmaßes, des Meters.

KV Seite 112

Messen mit Metern

Für die Arbeit mit den Längenmaßen wird vorausgesetzt, dass die Kinder bereits den Zahlenraum bis 100 kennengelernt haben. Als Arbeitsmaterial sollten im Klassenzimmer verschiedene Messgeräte wie Bandmaß, Zollstock/Meterstab, Schneidermaßband, verschiedene Lineale etc. vorhanden sein, die die Kinder auch von zu Hause mitbringen können.

Als Vorarbeit vergleichen die Kinder in Partnerarbeit mithilfe eines Meterstabs/Maßbands verschiedene Körpermaße: „Ist meine Armspanne größer oder kleiner als ein Meter? Kann ich einen Schritt von einem Meter Länge machen? Bis zu welchem Körperteil (bis zur Schulter, bis zum Kinn) reicht mir ein Meter vom Boden? Wie oft kann ich meine Füße in einem Meter aneinanderstellen?"

Bei der anschließenden Bearbeitung der Kopiervorlage entnehmen die Kinder zunächst der Tabelle die Länge der Tiere. Um eine Vorstellung von der Länge der Tiere zu bekommen, legen sie die Längen mit mehreren Maßbändern in der Sporthalle oder auf dem Schulhof nach. Für die zweite Aufgabe finden sie in ihrer Schulumgebung oder zu Hause weitere Dinge mit den angegebenen Längen.

Lösung

Aufgabe 1:

Biber 1 m, Löwe 2 m, Nashorn 4 m,
Krokodil 6 m, Elefant 7 m

Weiterführender Vorschlag
In Gruppen stellen die Kinder ein Maßband aus einer Wäscheleine (meist 20 oder 30 m lang) her und markieren jeden Meter mit Klebeband. Damit messen sie Längen im Schulhaus (von der Eingangstür zum Klassenzimmer, vom Klassenzimmer zur Toilette, die Länge des Gangs …), in der Sporthalle und auf dem Schulhof.

KV Seite 113

Mein Meterband

Die Einteilung des Meters in Zentimeter wird handelnd beim Herstellen eines eigenen Meterbandes erfahren. Die Kinder benötigen dafür einen Streifen aus stabilerem Papier oder Tonkarton. Durch zweimaliges Halbieren des Meters erhalten sie die Längen 25 cm, 50 cm und 75 cm. Mithilfe des Lineals tragen sie schließlich noch die 10-cm-Schritte auf dem Meterband ein.

Mit ihrem selbst gebastelten Meterband können sich die Kinder auf die Suche nach Dingen begeben, die diese Längen haben: 1 m, 50 cm, 25 cm, 10 cm.

Weiterführender Vorschlag
In Partnerarbeit trainieren die Kinder das Schätzen von Längen bis zu einem Meter. Dafür legen je zwei Kinder ihr Meterband mit der unbeschrifteten Seite nach oben vor sich auf den Tisch. Ein Kind nennt eine Zehnerzahl, z. B. die Zahl 30. Der Partner schätzt, wie lang 30 cm ungefähr sind und steckt dort eine Büroklammer an das Band. Anschließend wird das Band umgedreht und die Länge überprüft. Wenn der Abstand der Büroklammer von der gesuchten Zehnerzahl weniger als 10 cm beträgt, bekommt das Kind einen Stein. Dann nennt der Partner eine neue Zehnerzahl. Wer hat am Schluss die meisten Steine?

KV Seite 114

Messen mit Zentimetern

Während bei einem Maßband, einem Meterstab/Zollstock und auch bei einem großen Lineal für die Tafel die Null an der Außenkante ist, befindet sie sich bei einem normalen Lineal etwas nach innen versetzt. Es ist daher wichtig, dass die Kinder ihr Lineal immer genau bei Null anlegen.

Bei der ersten Aufgabe der Kopiervorlage werden die Maßzahlen der entsprechenden Stelle auf dem Lineal zugeordnet, während die zweite Aufgabe das Ablesen markierter Längen trainiert. Schließlich messen die Kinder die Länge von fünf eigenen Farbstiften ab. Alternativ können sie auch die Längen der abgebildeten Stifte bestimmen.

Lösung
Aufgabe 2:
5, 19, 38, 46, 57, 62, 79, 83, 91

Aufgabe 3:
Stift A: 16 cm; Stift B: 10 cm; Stift C: 8 cm; Stift D: 7 cm; Stift E: 5 cm.

KV Seite 115

Meter und Zentimeter

Die vorgegebenen Maße sollten sich die Kinder als Hilfe zum Schätzen von Längen einprägen. Die Wörter „ungefähr" und „etwa" zeigen, dass die Gegenstände nicht genau die angegebene Länge haben, sondern etwas länger oder kürzer sein können. Die Tabelle mit den Maßen kann vergrößert als Merkplakat im Klassenzimmer aufgehängt werden.

Die Kinder sollten die Länge einiger Dinge schätzen und messen, um so im Laufe der Zeit sichere Größenvorstellungen aufzubauen.

Lerninhalte
- Zeiteinheiten Jahr, Monat, Stunde (h) und Minute (min)
- Ablesen und Einstellen von Uhrzeiten an einer Lernuhr
- Verstehen und Anwenden der digitalen Schreibweise für Uhrzeiten
- Verstehen verschiedener Sprechweisen für Zeitpunkte
- Unterscheiden zwischen Zeitpunkt und Zeitdauer
- Ermitteln der Zeitdauer mithilfe eines Kalenders und mithilfe einer Uhr

KV Seite 116

Die Monate

So wie sich Naturereignisse und Feste im Jahresrhythmus regelmäßig wiederholen, bringt auch die immer wiederkehrende Abfolge der Monate die Zyklizität zum Ausdruck.

Bei der ersten Aufgabe werden die fehlenden Buchstaben der Monatsnamen ergänzt. Erklären Sie den Kindern, wie sie sich mithilfe der Knöchel an ihren Händen die Länge der einzelnen Monate leicht merken können: Monatsnamen, die bei einem „Hügel" genannt werden, haben 31 Tage, Monatsnamen, die in einem „Tal" liegen, haben 30 Tage, mit Ausnahme des Februars, der 28 Tage und in Schaltjahren 29 Tage hat. Schließlich zählen die Kinder monatsweise zurück und voraus, sodass sie die Tabelle ergänzen können.

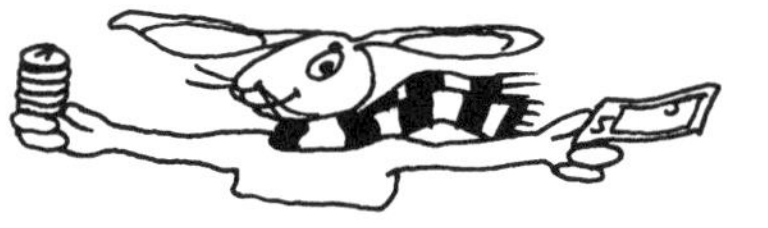

Lösung

Aufgabe 3:

2 Monate früher		3 Monate später
November	Januar	April
Juni	August	November
März	Mai	August
Oktober	Dezember	März
Februar	April	Juli

KV Seite 117

Der Kalender

Mithilfe eines Tageskalenders können die Kinder die Zeitdauer zwischen zwei Tagen (= Zeitpunkte) feststellen. Um den Umgang mit dem Kalender zu trainieren, finden sie den Wochentag einiger Daten im aktuellen Jahr heraus. Zugleich können die Schüler verschiedene Schreibweisen für das Datum kennenlernen: 26. April 2009 – 26.04.2009 – 26.4.09, bzw. eventuell auch 2009-04-26 und 09-04-26.

Lösung

Aufgabe 1:

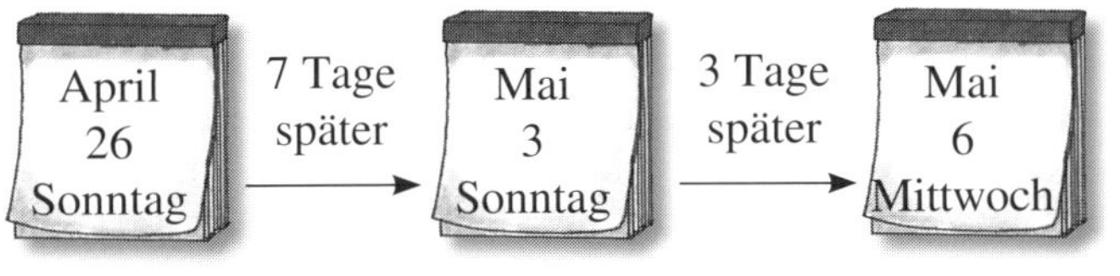

KV Seite 118

Uhrzeiten

Wiederholen Sie bei der Behandlung der Uhrzeiten die Einteilung des Tagesablaufs in ganze Stunden, wobei die Kinder die jeweilige Zeit an einer Lernuhr einstellen: „Um 0 Uhr beginnt der Tag. Um diese Zeit schlafen wir meistens. Um 6 oder 7 Uhr stehen wir auf … Um 24 Uhr endet der Tag." Im Anschluss daran lernen die Kinder die Einteilung der Stunde in Minuten kennen. Weisen Sie auf verschiedene Sprechweisen, die teilweise nur regional üblich sind, hin:

10.15 Uhr: „10 Uhr 15", „Viertel nach 10", „Viertel 11"
10.30 Uhr: „10 Uhr 30", „halb 11"
10.45 Uhr: „10 Uhr 45", „Viertel vor 11" „drei viertel 11"

Aus der Feststellung, dass eine Zeigerstellung zwei verschiedene Zeiten angibt – einmal zwischen 0 und 12 Uhr, und einmal zwischen 12 und 24 (0) Uhr, – wird die digitale Schreibweise für Uhrzeiten abgeleitet, die für beide Zeiten eine unterschiedliche Darstellungsform kennt. Dabei werden die Stunden durch Doppelpunkt von den Minuten getrennt.

Lösung

Aufgabe 2:

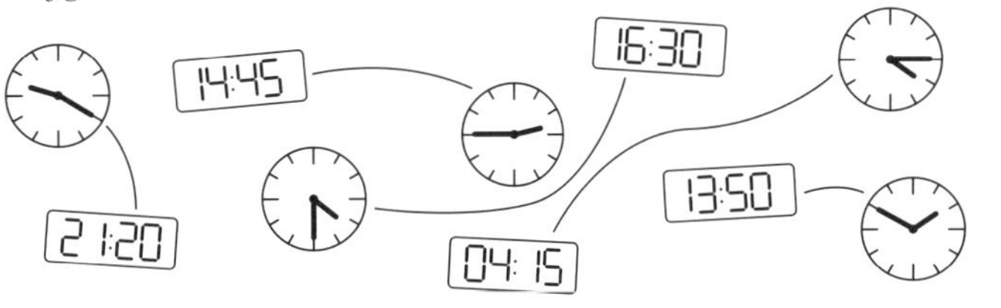

Aufgabe 3:

7:30 Uhr	9:15 Uhr	10:20 Uhr	0:45 Uhr	1:05 Uhr
19:30 Uhr	21:15 Uhr	22:20 Uhr	12:45 Uhr	13:05 Uhr

Weiterführender Vorschlag

Die Kinder erstellen ein Memory, bei dem Karten mit jeweils einer analogen und einer digitalen Uhrzeit einander zugeordnet werden. Damit die Uhrzeiten auf einem analogen Zifferblatt deutlich eingetragen werden können, sollten sie sich dabei auf Uhrzeiten beschränken, die auf 5 oder 0 enden. Das Spiel kann auf zwei verschiedene Arten auch auf ein „Trio" ausgeweitet werden: Entweder werden beide Zeiten der digitalen Uhrzeit angegeben (z. B. 8:15 und 20:15) oder zusätzlich wird eine Sprechweise auf einem Kärtchen notiert (z. B. Viertel nach 8).

KV Seite 119

Zeitdauer

Um die Zeitdauer zwischen zwei Uhrzeiten zu ermitteln, stellen die Kinder den Zeitpunkt des Beginns auf einer Lernuhr ein und lassen dann den Minutenzeiger zum Zeitpunkt des Endes rotieren. Auf der Kopiervorlage liegen alle zu berechnenden Zeitdauern unter einer Stunde. Als weiterführende Übung können einzelne Zeitdauern addiert werden. Überschreitet die Summe 60 Minuten, ist auch das Umwandeln in Stunden und Minuten möglich, z. B. 79 min = 1 h 19 min.

Bitte beachten Sie, dass es mathematisch nicht korrekt ist, Rechnungen zur Zeitdauer in Gleichungsform (z. B. 11:30 Uhr + 30 Minuten = 12:00 Uhr) zu notieren. Es handelt sich dabei um unterschiedliche Größen und Benennungen, die nicht miteinander verbunden werden dürfen. Als Schreibweisen sind entweder „Pfeilbilder" oder die Notation in einer Tabelle nötig.

Lösung

Aufgabe 1:

11:30 Uhr	Sendung mit der Maus: 30 Minuten	12:00 Uhr
12:20 Uhr	Löwenzahn: 25 Minuten	12:45 Uhr
14:10 Uhr	Die Biene Maja: 45 Minuten	14:55 Uhr

Aufgabe 2:

	Beginn	Dauer	Ende
Sesamstraße	16:30	30 min	17:00
Märchen	10:00	55 min	10:55
1, 2 oder 3	16:05	25 min	16:30
Kindernachrichten	8:00	10 min	8:10

Lerninhalte
- Benennen aller Münzen und Geldscheine
- Benennen von Geldbeträgen bis 100 Cent und 100 Euro
- Kennenlernen der verschiedenen Darstellungsweisen von Geldbeträgen
- Strukturieren und Zählen von Geldbeträgen
- Erkennen, dass die Höhe eines Geldbetrags nicht nur von der Anzahl der Münzen, sondern auch vom Wert der Münzen bestimmt wird
- Verwenden der Kommaschreibweise beim Geld

KV Seite 120/121

Münzen bis 100 Cent
Rechnen mit Zehnerzahlen (Cent)

Um Geldbeträge und Rechenoperationen besser veranschaulichen zu können, sollte den Kindern Rechengeld zur Verfügung stehen. Hilfreich ist außerdem ein „großer“ Satz Rechengeld zu Demonstrationszwecken an der (Haft-)Tafel.

Als Vorarbeit für die Kopiervorlage legen die Kinder aus 10-Cent-, 20-Cent- und 50-Cent-Münzen jeweils den Betrag von einem Euro und wechseln sie entsprechend um. Dabei wird die Arbeit mit den Zehnerzahlen erweitert und vertieft. Es wird deutlich: Jede dieser Münzen hat einen unterschiedlichen Wert: 10 ct, 20 ct, 50 ct, 1 €. Eine Münze (1 €) kann aber den gleichen Wert haben wie zehn Münzen (10 · 10 ct), wie fünf Münzen (5 · 20 ct) oder wie zwei Münzen (2 · 50 ct). Die Höhe eines Geldbetrags wird nicht nur von der Anzahl der Münzen bestimmt, sondern auch vom Wert der Münzen. Weisen Sie die Kinder darauf hin, dass es beim Bündeln von Geld Einschränkungen gibt: Für 30 ct gibt es keine 30-Cent-Münze.

Lassen Sie die Kinder Beispiele dafür nennen, was man für eine 10-Cent-, 20-Cent-, 50-Cent- und 1-Euro-Münze kaufen kann.

Lösung Seite 120
Aufgabe 2:
Die fehlenden Münzen sind: 20 ct – 10 ct – 50 ct – 20 ct

Aufgabe 3:
Klara und Lena haben beide je 70 ct.

Lösung Seite 121
Aufgabe 1:
Anton hat 90 ct, Lukas 60 ct, Imre 90 ct, Julia 70 ct und Aaron 90 ct.

Aufgabe 2:
20 ct, 60 ct, 30 ct

KV Seite 122

Trio: Geldbeträge bis 100 Cent

Beim Darstellen von Geldbeträgen wenden die Kinder ihre Zahlenkenntnisse an. Lassen Sie als Vorarbeit zweistellige Cent-Beträge mit möglichst wenig Münzen legen. Dabei ist auch das Legen von Reihen möglich, z. B.:

Immer 1 Cent dazu:	Immer 10 Cent dazu:
30 ct = 20 ct, 10 ct	37 ct = 20 ct, 10 ct, 5 ct, 2 ct
31 ct = 20 ct, 10 ct, 1 ct	47 ct = 20 ct, 20 ct, 5 ct, 2 ct
32 ct = 20 ct, 10 ct, 2 ct	57 ct = 50 ct, 5 ct, 2 ct
… 40 ct = 20 ct, 20 ct	… 97 ct = 50 ct, 20 ct, 20 ct, 5 ct, 2 ct

Die Kinder zerschneiden die Kopiervorlage in 24 einzelne Karten. Ein Kind mischt alle Karten und legt auf dem Tisch zwölf Karten als 3-mal-4-Feld aus. Die übrigen Karten werden verdeckt auf einen Stapel gelegt. Jedes Kind überprüft, ob auf dem ausgelegten Feld drei Karten zusammenpassen (Abbildung – Plusaufgabe – Zahlwort) und ein „Trio“ bilden. Wer drei passende Karten gefunden hat, ruft „Trio“, nimmt die drei Karten und legt sie nebeneinander vor sich auf den Tisch, damit die Mitspieler es überprüfen können. Hat der Spieler recht, nimmt er die Karten und sammelt sie bei sich. Dann ergänzt er das Feld in der Mitte wieder auf zwölf Karten. Lässt sich aus den zwölf Karten in der Mitte kein Trio bilden, werden drei weitere Karten ausgelegt, sodass ein 3-mal-5-Feld entsteht. Wenn alle Karten aufgebraucht sind, zählen die Spieler ihre Karten. Wer die meisten Karten hat, gewinnt. Anschließend können die Kinder die Trios in ihr Heft kleben.

Als Alternative zum Spiel rahmen die Kinder auf der Kopiervorlage jedes Trio mit einer anderen Farbe ein.

KV Seite 123

Scheine bis 100 Euro

Während den Kindern die Münzen meist vertraut sind, haben sie mit Geldscheinen oft deutlich weniger Erfahrung. Zeigen Sie deshalb den Kindern die Geldscheine in einer Klarsichtfolie und lassen Sie Größe, Farbe und Abbildungen beschreiben.

Anschließend nennen die Kinder Beispiele dafür, was man für einen 5-Euro-, 10-Euro-, 20-Euro-, 50-Euro- und 100-Euro-Schein kaufen kann.

Zum Thema Geldscheine bietet sich ein Gespräch über Geldautomaten/Banken an: Wer bekommt dort Geld? Was ist dafür nötig? Wie wird der Automat bedient? Vielleicht ist auch Zeit für einen Unterrichtsgang.

Bei der zweiten Aufgabe wird das Wechseln von 100 € in eine vorgegebene Anzahl von Scheinen geübt. Dabei ist die beim Geld bekannte Bündelung zu beachten. Als Differenzierung zur zweiten Aufgabe können die Kinder 100 € auch mit 4 und 6 Scheinen legen und ihr Ergebnis auf die Blattrückseite zeichnen (4 Scheine: 50 €, 20 €, 20 €, 10 €; 6 Scheine: 50 €, 5 · 10 €; 4 · 20 €, 2 · 10 €).

Lösung

Aufgabe 2:

1 Schein: 100 €
2 Scheine: 50 €, 50 €
5 Scheine: 20 €, 20 €, 20 €, 20 €, 20 €
50 €, 20 €, 20 €, 5 €, 5 €
50 €, 20 €, 10 €, 10 €, 10 €

Aufgabe 3:

Die fehlenden Scheine sind: 50 € – 20 € – 50 € – 10 €

KV Seite 124

Rechnen mit Euro

Bei der ersten Aufgabe erkennen die Kinder aufgrund der Gegenüberstellung von z. B. 4 E = 4 und 4 Z = 40 deutlich die unterschiedlichen Ergebnisse. Bei der zweiten Aufgabe werden die Formulierungen „hat mehr als", „hat weniger als", „hat doppelt so viel wie" sowie „bekommt geschenkt" in mathematische Operationen umgesetzt.

Lösung

Aufgabe 1:

53 € + 4 € = 57 €
53 € + 40 € = 93 €

22 € + 6 € = 28 €
22 € + 60 € = 82 €

18 € + 2 € = 20 €
18 € + 20 € = 38 €

41 € + 5 € = 46 €
41 € + 50 € = 91 €

66 € + 3 € = 69 €
66 € + 30 € = 96 €

34 € + 4 € = 38 €
34 € + 40 € = 74 €

Aufgabe 2:

a) 20 € + 10 € + 5 € + 2 € = 37 €
b) 37 € + 15 € = 52 €
c) 37 € – 12 € = 25 €
d) 37 € + 37 € = 74 €
e) 37 € + 3 € = 40 €
f) 40 € + 30 € = 70 €

KV Seite 125

Malaufgaben mit Geld

Auf dieser Kopiervorlage werden Malaufgaben mit Geld veranschaulicht. Achten Sie darauf, dass die Kinder bei Aufgaben mit Geld die Einheit Euro nicht zu schreiben vergessen.

Bei der zweiten Aufgabe addieren die Kinder erstmals Beträge aus Münzen und Scheinen. Zeigen Sie zur Vorbereitung an der Tafel Beträge aus zwei verschiedenen Geldsorten, z. B. drei 10-Euro-Scheine und zwei 5-Euro-Scheine, und berechnen Sie die Summe:

[3 · 10 €] + [2 · 5 €] = [ ]
\/ \/
30 € + 10 € = 40 €

Rahmen Sie die Malaufgabe ein um zu verdeutlichen, dass sie vor der Plusaufgabe zu rechnen ist.

Lösung

Aufgabe 1:

Alex: 9 · 2 € = 18 €	Maria: 6 · 10 € = 60 €	Alina: 7 · 5 € = 35 €
Irem: 9 · 5 € = 45 €	Moritz: 8 · 2 € = 16 €	Onur: 4 · 10 € = 40 €

Aufgabe 2:

Klara hat 67 €, Konrad 61 €, Luise 60 €, Lotta 69 €, Greta 60 € und David 69 € gespart.

KV Seite 126

Domino: Kommaschreibweise beim Geld

Für Geldbeträge und Preisangaben wird im Alltag die Kommaschreibweise verwendet. Bisher wurden auf den Kopiervorlagen die Geldbeträge jeweils auf Euro oder Cent beschränkt; für Beträge, die aus Euro und Cent bestehen, ist jedoch die Darstellung mit Komma erforderlich: Das Komma trennt Euro und Cent. Links vom Komma stehen die Euro, rechts davon die Cent. Wenn die Kinder mit Rechengeld Kommabeträge legen, legen sie zur Verdeutlichung einen roten Stift zwischen Euro und Cent.

Mögliche Sprechweisen:

3,05 €: „Drei Komma Null Fünf Euro" oder „Drei Euro, Fünf Cent"

3,15 €: „Drei Komma Eins Fünf Euro" oder „Drei Euro, Fünfzehn Cent"

Die Sprechweise „Drei Komma Fünfzehn Euro" ist zwar mathematisch nicht korrekt, im Alltag jedoch allgemein üblich. Ebenfalls gebräuchlich ist die Sprechweise „Drei Euro Fünfzehn."

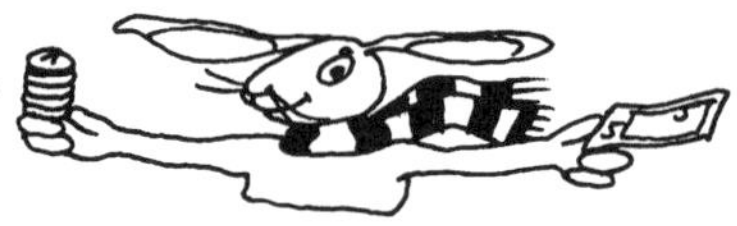

Name:

So löse ich eine Rechengeschichte

1. Was sagt der Hase? Lies genau. Kreise die Zahlen ein.

2. Was hast du dir gemerkt? Erzähle.

3. Zeichne:
Wie viele Blumen hat der Hase am Anfang?
Wie viele schenkt er dem Igel?

4. Welche Rechenfrage passt? Kreuze an.

- ◯ Wie viele Blumen sind verwelkt?
- ◯ Wie viele Blumen sind in dem Strauß?
- ◯ Wie viele Blumen bekommt der Hase geschenkt?
- ◯ Wie viele Blumen verschenkt der Hase?
- ◯ Wie viele Beine hat der Hase?
- ◯ Wie viele Blumen hat der Hase zum Schluss?

5. Überlege und kreuze an. Rechne.

Hat der Hase zum Schluss mehr Blumen als am Anfang? ☐ ja ☐ nein

Rechnung:

6. Wie viele Blumen hat der Hase zum Schluss?

Name:

Die richtige Rechenfrage

Lena und Max haben zusammen 14 Luftballons aufgeblasen. Lukas schafft 6 weniger als die beiden zusammen. Beim Aufhängen zerplatzen ihnen insgesamt 5 Ballons.

1 Wie heißen die Kinder?

2 Wie viele Kinder sind es?

3 Wo sind Lena, Max und Lukas?

4 Wie viele Ballons blasen Max und Lena zusammen auf?

5 Wie alt ist Lukas?

6 Wie viele Ballons bläst Lukas auf?

7 Hat Lena mehr Ballons aufgeblasen als Max?

8 Wie lange brauchen die drei Kinder zum Aufblasen?

9 Wie viele aufgeblasene Ballons haben die drei Kinder am Schluss?

10 Wie viele Ballons blasen alle drei zusammen auf?

1. Welche Fragen kannst du beantworten ohne zu rechnen? Schreibe die Nummern in die Ballons.

2. Zu welchen drei Fragen kannst du rechnen und antworten?
a) Male die Ballons aus.
b) Schreibe vor jede Rechnung die Nummer der passenden Frage. Rechne.

Name:

Die Antwort auf die Rechenfrage

1. Lies genau. Kreise die Zahlen ein.

2. Was hast du dir gemerkt? Erzähle.

3. Zeichne die Bälle in das Regal ein.
Wie viele Bälle sind im ersten Fach?
Wie viele im zweiten Fach?

Im Regal sind 25 Bälle.
Im ersten und zweiten Fach
liegen jeweils 9 Bälle.
Und im dritten Fach …?

4. Löse die Aufgaben.

a) Rechne.

Frage 1: Wie viele Bälle liegen im ersten und zweiten Fach zusammen?

Rechnung 1: ☐☐☐☐☐☐

b) Finde noch eine Rechenfrage und rechne.

Frage 2: ____________________

Rechnung 2: ☐☐☐☐☐☐☐

Mein Tipp:
Verwende in der Antwort
die Wörter der Frage.
Für [Wie viele] schreibst du
die errechnete Zahl.

5. Kreuze die richtige Antwort auf Frage 2 an. Setze alle Zahlen ein.

☐ Im Regal liegen ☐ Bälle.

☐ Im dritten Fach liegen ☐ Bälle.

☐ Im ersten Fach liegen ☐ Bälle.

☐ Im zweiten Fach liegen ☐ Bälle.

Name:

Freizeitsport

50 Kinder wurden befragt: „Treibst du in deiner Freizeit Sport? Wenn ja, welche Sportart?“ Hier ist das Ergebnis der Umfrage:

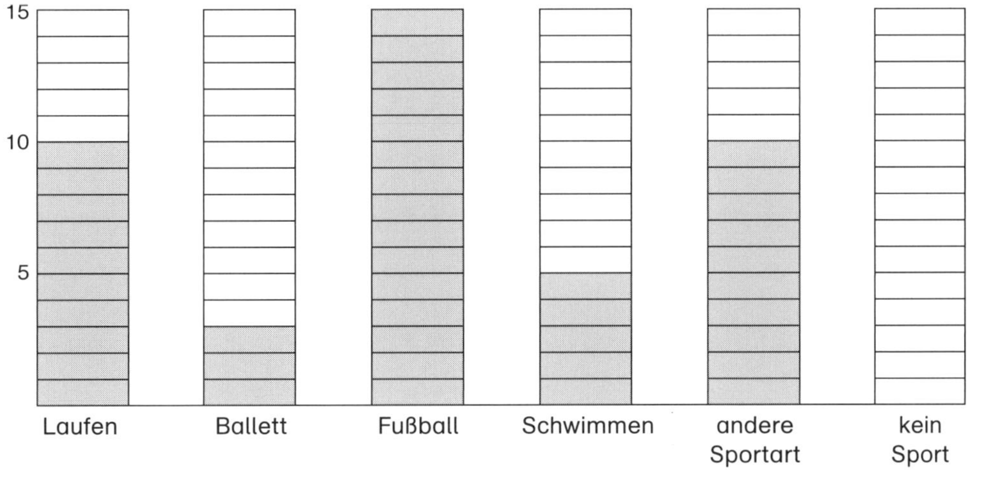

1. Wie viele Kinder geben diesen Sport als liebsten Freizeitsport an?

Laufen	Ballett	Fußball	Schwimmen	andere Sportart
10				

2. Wie viele Kinder treiben insgesamt Sport? ☐

3. Wie viele Kinder treiben keinen Sport? Rechne und zeichne das Ergebnis oben ein. ☐☐ − ☐☐ = ☐

4. Färbe die Stimmenzahl für jede Sportart als Balken.

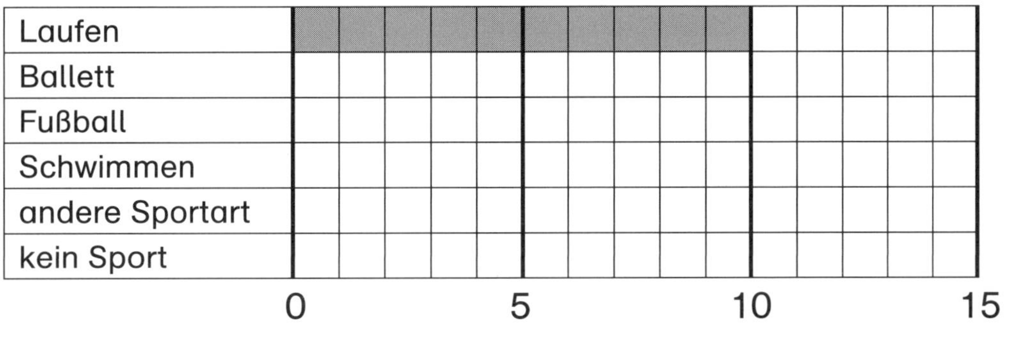

Name:

Eine Zeichnung hilft

1. Im Klassenzimmer der Klasse 2a stehen 3 Reihen mit jeweils 5 Tischen. An jedem Tisch sitzen 2 Kinder. Wie viele Kinder sind in der Klasse 2a? Welche Zeichnung passt dazu? Rahme sie ein.

a) 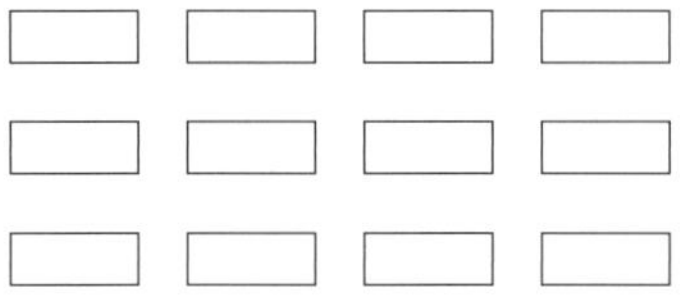

b) 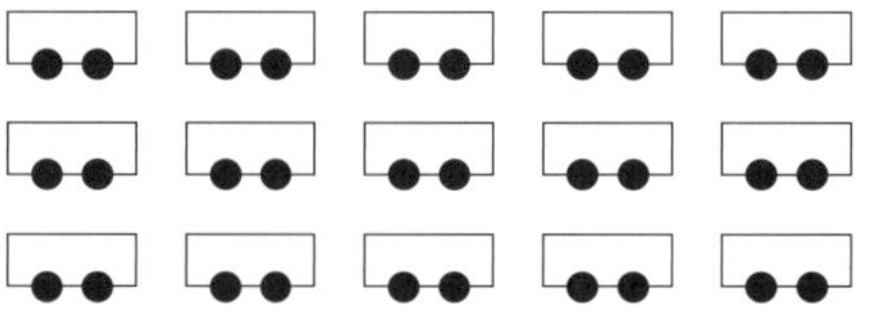

c) 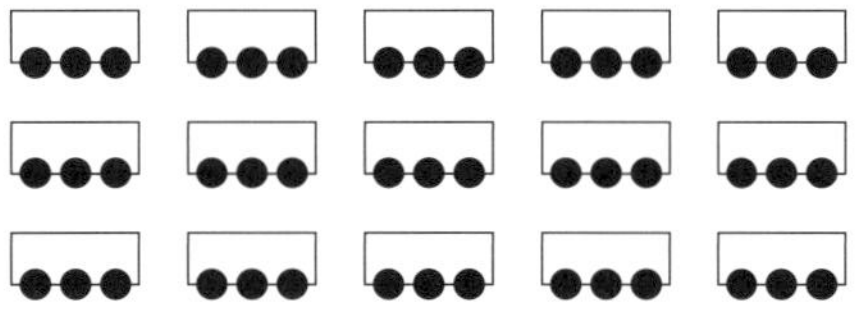

d) 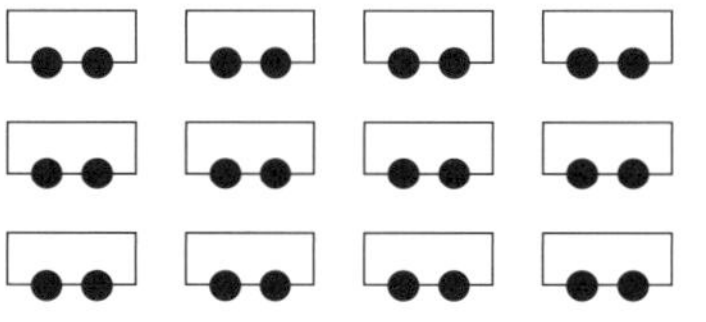

Rechnung 1:

Rechnung 2:

Antwort:

2. Die 50 Kinder der Klassen 2a und 2b haben in der Sporthalle zusammen Sport. Sie sollen sich in gleich großen Gruppen auf 8 Matten setzen. Wie viele Kinder sitzen auf jeder Matte? Zeichne.

Matte 1	Matte 2	Matte 3	Matte 4
Matte 5	Matte 6	Matte 7	Matte 8

Mathe auf der Matte? Wenn 2 Gruppen größer sind, dann geht's!

Rechnung:

Antwort: Auf 6 Matten sitzen jeweils ☐ Kinder,
auf 2 Matten sitzen jeweils ☐ Kinder.

Name:

Zahlenrätsel

Unterstreiche das richtige Wort, kreuze an und rechne.

① Ich denke mir eine Zahl. Sie ist um 10 größer als 36.

Ist die Zahl ☒ größer oder ☐ kleiner als 36?

36 + ___ = ___

Die Zahl heißt ___.

② Wenn ich meine Zahl halbiere, erhalte ich 36.

Ist die Zahl ☐ größer oder ☐ kleiner als 36?

Die Zahl heißt ___.

③ Wenn ich meine Zahl mit 4 malnehme, erhalte ich 36.

Ist die Zahl ☐ größer oder ☐ kleiner als 36?

Die Zahl heißt ___.

④ Wenn ich von meiner Zahl 4 abziehe, erhalte ich 36.

Ist die Zahl ☐ größer oder ☐ kleiner als 36?

Die Zahl heißt ___.

⑤ Wenn ich zu meiner Zahl 4 dazuzähle, erhalte ich 36.

Ist die Zahl ☐ größer oder ☐ kleiner als 36?

Die Zahl heißt ___.

⑥ Wenn ich meine Zahl durch 3 teile, erhalte ich 6.

Ist die Zahl ☐ größer oder ☐ kleiner als 6?

Die Zahl heißt ___.

⑦ Ich denke mir eine Zahl. Sie ist um 10 kleiner als 36.

Ist die Zahl ☐ größer oder ☐ kleiner als 36?

Die Zahl heißt ___.

⑧ Wenn ich meine Zahl verdopple, erhalte ich 36.

Ist die Zahl ☐ größer oder ☐ kleiner als 36?

Die Zahl heißt ___.

Name:

Messen mit Metern

1. Wie lang sind diese Tiere? Lies ab und trage ein.

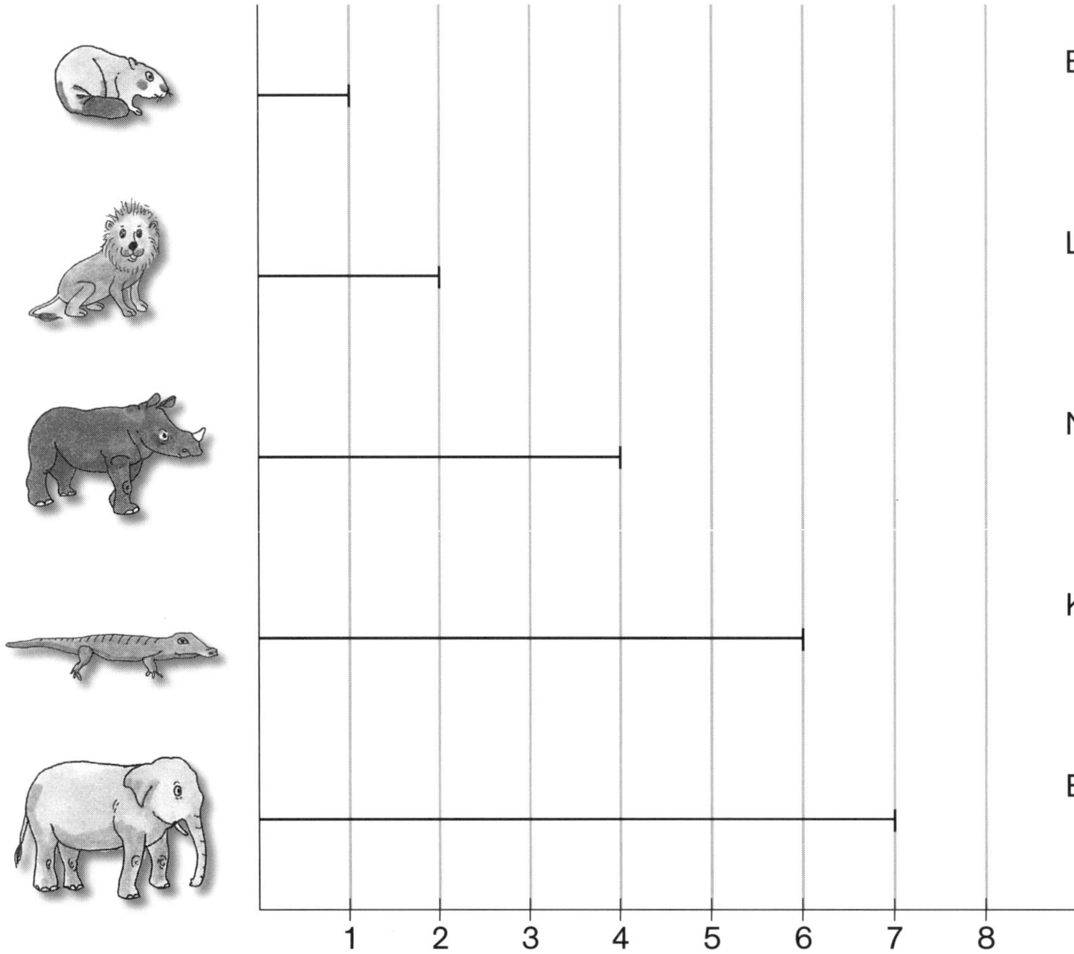

Biber: ☐ m

Löwe: ☐ m

Nashorn: ☐ m

Krokodil: ☐ m

Elefant: ☐ m

2. Finde Dinge, die genauso lang sind. Schreibe auf.

Biber: ____________________

Löwe: ____________________

Nashorn: ____________________

Krokodil: ____________________

Elefant: ____________________

Name:

Mein Meterband

Bastle dir ein Meterband. Du brauchst dafür einen Papierstreifen.
Der Streifen muss 1 m lang und 3 cm breit sein.

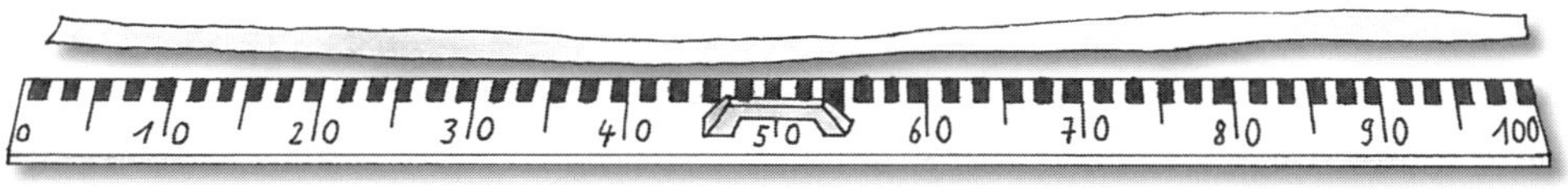

1. Falte dein Meterband zur Hälfte.

Damit du auch Dinge messen kannst, die kleiner als 1 m sind, ist der Meter in 100 Zentimeter unterteilt. Ein halber Meter ist deshalb genauso lang wie ____ cm.

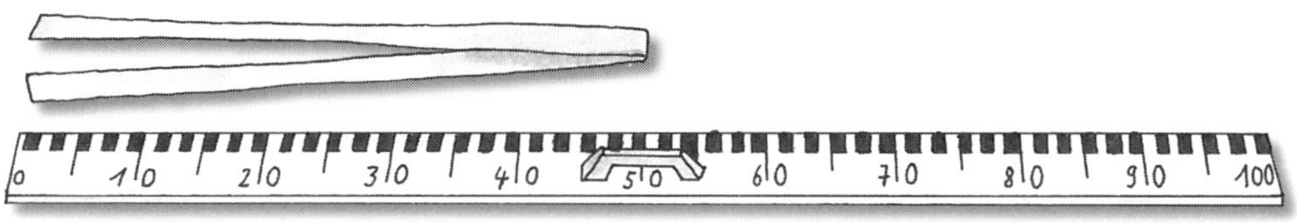

2. Halbiere den halben Meter nochmals.

Das ist nun der vierte Teil eines Meters oder kurz ein Viertelmeter.
Ein Viertelmeter ist ____ cm lang.

1 m = 100 cm
ein halber Meter = ____ cm
ein Viertelmeter = ____ cm
50 cm + 25 cm = ein Dreiviertelmeter
= ____ cm

3. Klappe den gefalteten Meter auf und beschrifte ihn.

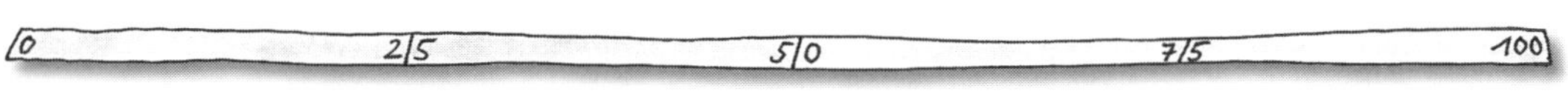

4. Nimm dein Lineal und mache immer nach 10 cm einen Strich.

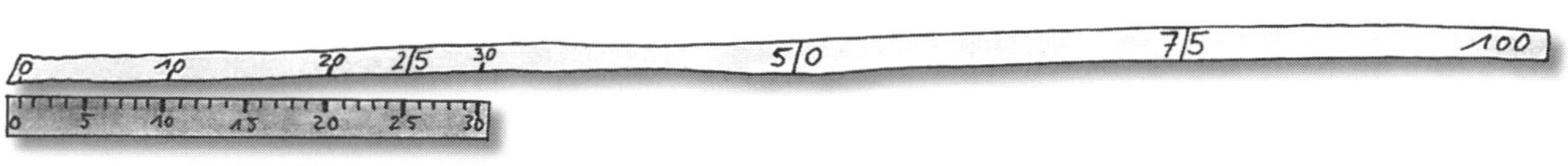

Name:

Messen mit Zentimetern

1. Verbinde die Maßzahlen mit dem passenden Strich auf dem Lineal.

Mein Tipp:
Lege dein Lineal immer genau bei Null an.

15	21	32	45	53	66	74	87	98

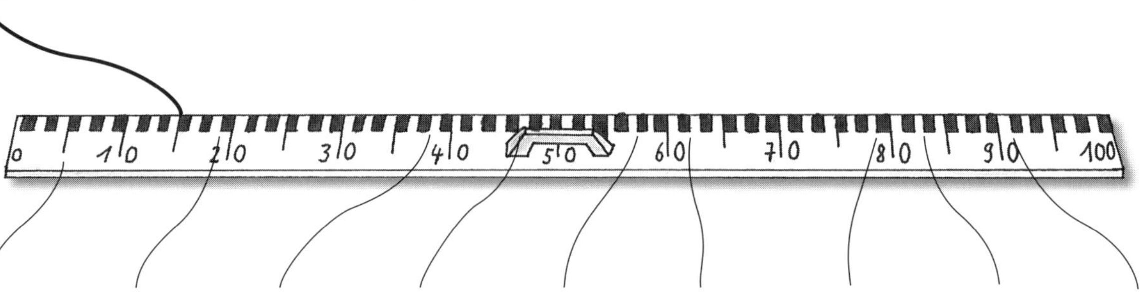

2. Trage die richtige Maßzahl in die leeren Kästchen ein.

3. Nimm 5 Farbstifte und ordne sie der Länge nach. Schätze und miss die Länge jedes Stifts.

A 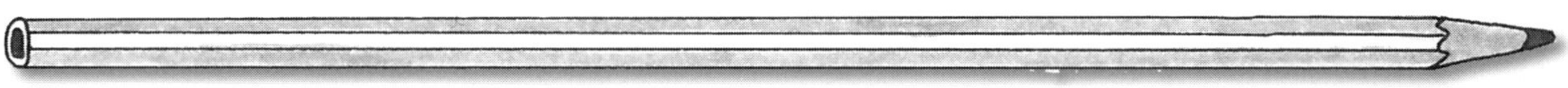

B 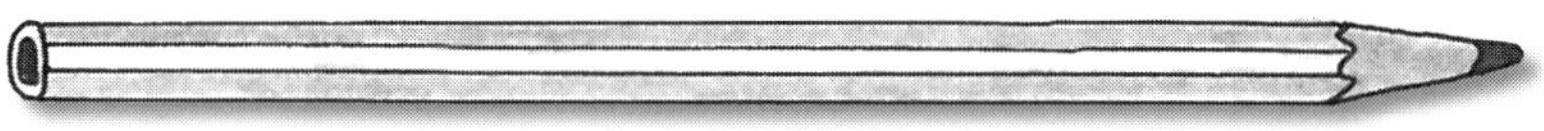

C 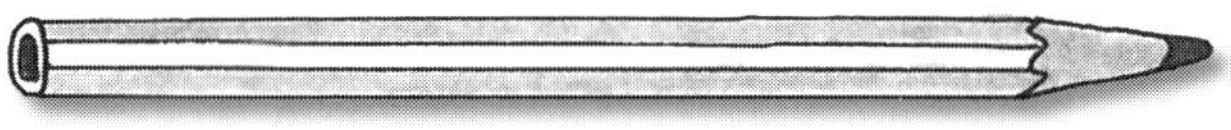

D 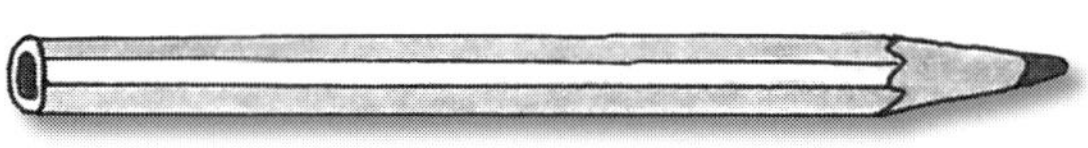

E 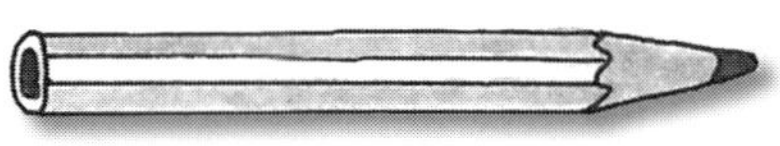

	geschätzt	gemessen
Stift A	cm	cm
Stift B		
Stift C		
Stift D		
Stift E		

Name:

Meter und Zentimeter

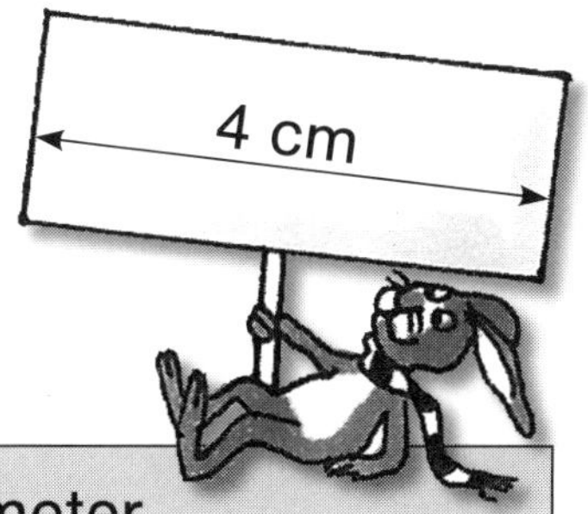

Diese Maße helfen dir beim Schätzen:

Meter		Zentimeter	
	etwa 1 m		etwa 100 cm
	ungefähr 4 m		etwa 80 cm
	ungefähr 7 m		30 cm
	etwa 10 m	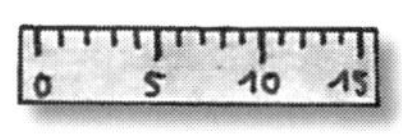	15 cm
	etwa 15 m		ungefähr 1 cm

Wie lang sind diese Dinge? Schätze zuerst und miss dann nach.

	geschätzt	gemessen
mein Schultisch		
unser Klassenzimmer		
mein Bleistift		
ein DIN-A4-Blatt		

Name:

Die Monate

1. Schreibe die Monatsnamen fertig.

2. Welche Monate haben 31 Tage? Male diese Kärtchen grün aus.
Wie viele Tage haben die anderen Monate?

3. Schreibe die richtigen Monate auf.

2 Monate früher		3 Monate später
November	Januar	April
	August	
	Mai	
Oktober		
		Juli

Name:

Der Kalender

In zehn Tagen habe ich Geburtstag. Weißt du, welcher Tag das ist?

Lass mich mal im Kalender nachschauen.

Wann hat der Hase Geburtstag?

1. Beschrifte die Kalenderblätter.

heute —— 10 Tage später ——→ Hases Geburtstag

April 26 Sonntag —— 7 Tage später ——→ Sonntag —— 3 Tage später ——→ ______

2. Welcher Tag ist das in diesem Jahr?
Schau in einem Kalender nach und ergänze.

1.4.
______
(Wochentag)
1. April

28.2.
______
______

24.12.
______
______

1.1.
______
______

3.10.
______
______

11.11.
______
______

Name:

Uhrzeiten

1. Wie viele Minuten sind es?

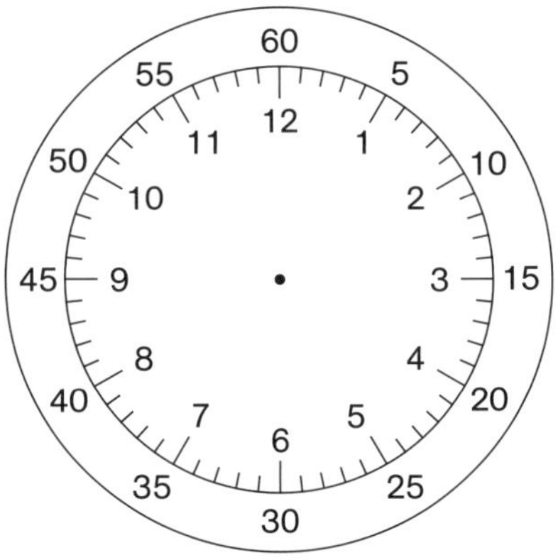

 1 Minute

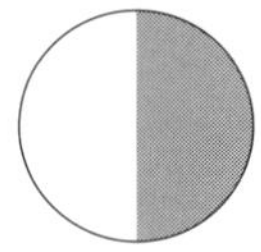 ___ Minuten, eine halbe Stunde

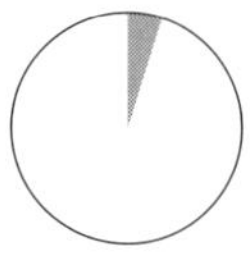 5 Minuten

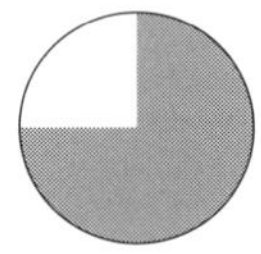 ___ Minuten, eine Dreiviertelstunde

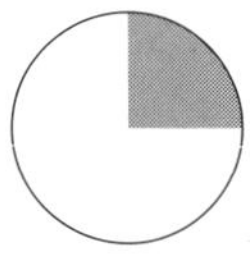 ___ Minuten eine Viertelstunde

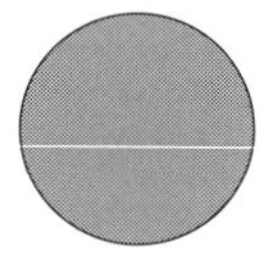 ___ Minuten, eine Stunde

2. Verbinde gleiche Zeitangaben.

3. Wie viel Uhr ist es?

7:30 Uhr	______	______	______	______
19:30 Uhr	______	______	______	______

Name:

Zeitdauer

1. Wie lange dauern diese Sendungen? Rechne.

Sendung mit der Maus: ☐ Minuten

11:30 ⟶ *12:00*

Löwenzahn: ☐ Minuten

12:20 ⟶ ☐

Die Biene Maja: ☐ Minuten

14:10 ⟶ ☐

2. Wann beginnen und enden diese Sendungen?

	Beginn	Dauer	Ende
Sesamstraße		30 Minuten	17:00
Märchen		55 Minuten	10:55
1, 2 oder 3	16:05	25 Minuten	
Kindernachrichten	8:00	10 Minuten	

Name:

Münzen bis 100 Cent

1. In welche Münzen kannst du diese 10-Cent-Stücke umtauschen? Rahme mit der gleichen Farbe ein.

10 Cent
10 ct

 20 Cent 20 ct	 50 Cent 50 ct	 100 Cent = 1 Euro 100 ct = 1 €

2. Eine Münze fehlt. Male sie dazu.

70 ct	30 ct	60 ct	90 ct

3. Welche beiden Kinder haben gleich viel Geld? Unterstreiche ihre Namen mit der gleichen Farbe.

 Klara ☐ ct	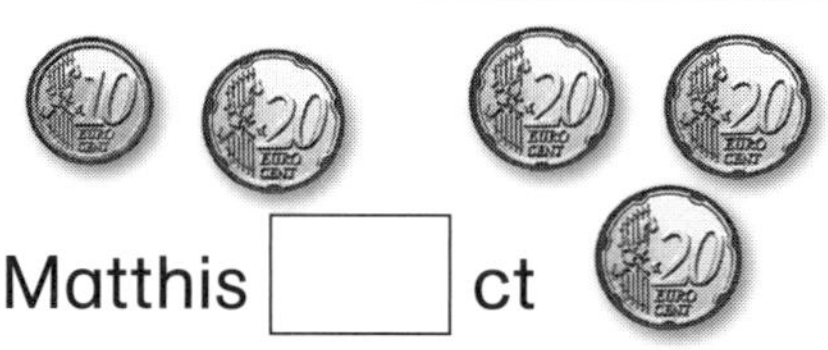 Matthis ☐ ct	 Lena ☐ ct
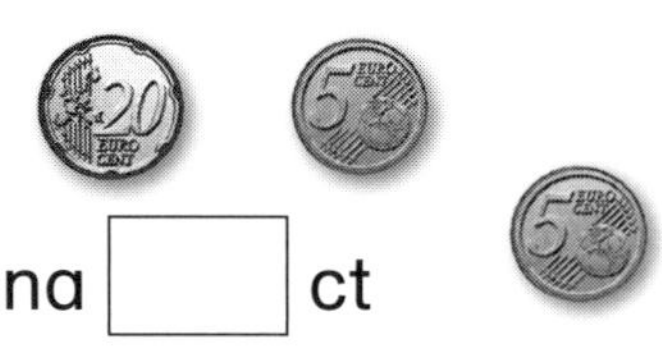 Anna ☐ ct	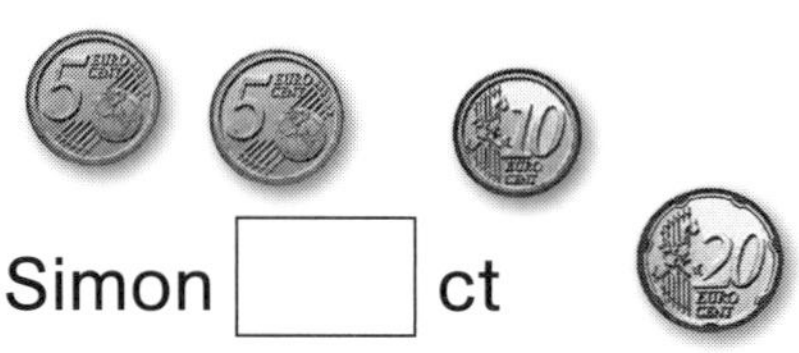 Simon ☐ ct	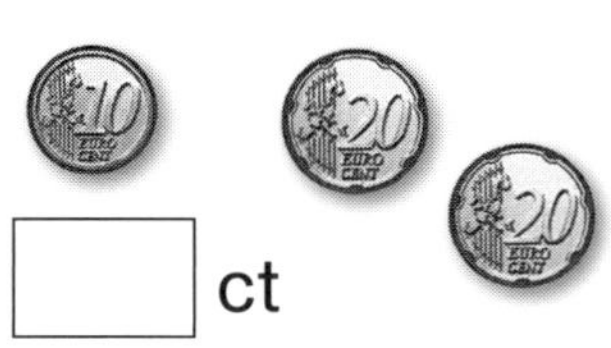 Max ☐ ct

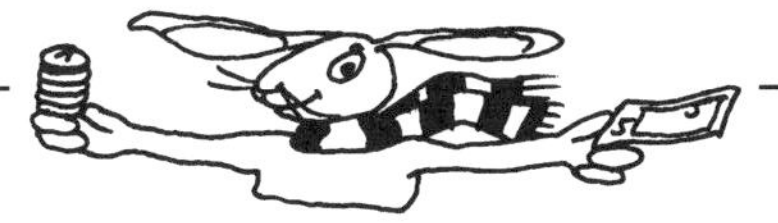

Name:

Rechnen mit Zehnerzahlen (Cent)

1. Wie viel Geld hat jedes Kind?

				Zeichne den Betrag	Betrag
Anton	2	1	1		90 ct
Lukas	–	3	–		ct
Imre	–	2	1		ct
Julia	5	1	–		ct
Aaron	3	3	–		ct

2. Du bezahlst immer mit  .
Wie viel Geld bekommst du zurück?

1 € – 80 ct = ☐ ct	1 € – ☐ ct = ☐ ct	1 € – ☐ ct = ☐ ct

Trio: Geldbeträge bis 100 Cent

✂

	20 ct + 7 ct = 27 ct	sechsund**vierzig**
	60 ct + 4 ct = 64 ct	siebenund**zwanzig**
	50 ct + 8 ct = 58 ct	neunund**dreißig**
	40 ct + 6 ct = 46 ct	vierund**sechzig**
	90 ct + 3 ct = 93 ct	zweiund**siebzig**
	80 ct + 5 ct = 85 ct	fünfund**achtzig**
	70 ct + 2 ct = 72 ct	dreiund**neunzig**
	30 ct + 9 ct = 39 ct	achtund**fünfzig**

Name:

Scheine bis 100 Euro

10 Euro
10 €

1. In welche Scheine kannst du diese 10-Euro-Scheine umtauschen? Rahme mit der gleichen Farbe ein.

20 Euro 20 € 	50 Euro 50 € 	100 Euro 100 € 

2. Der Hase holt am Geldautomat 100 Euro.
Welche Scheine kann er bekommen? Lege und trage ein.

1 Schein:	100 €				
2 Scheine:					
5 Scheine:					

3. Ein Schein fehlt. Male ihn dazu.

60 €	**40 €**	**80 €**	**50 €**

Name:

Rechnen mit Euro

1. Aufgepasst! Einmal Einer dazu, einmal Zehner dazu.

5	3	€	+		4	€	=	5	7	€
5	3	€	+	4	0	€	=	9	3	€

4	1	€	+		5	€	=			€
4	1	€	+	5	0	€	=			€

2	2	€	+		6	€	=			€
2	2	€	+	6	0	€	=			€

6	6	€	+		3	€	=			€
6	6	€	+	3	0	€	=			€

1	8	€	+		2	€	=			€
1	8	€	+	2	0	€	=			€

3	4	€	+		4	€	=			€
3	4	€	+	4	0	€	=			€

2. Rechne im Kopf.

a) Wie viel Geld hat Paula gespart?

    Sie hat ☐ € gespart.

b) Max hat   mehr als Paula.

Er hat ☐ €.

c) Irem hat   weniger als Paula.

Sie hat ☐ €.

d) Onur hat doppelt so viel Geld wie Paula.

Er hat ☐ €.

e) Von Mama bekommt Paula   geschenkt.

Nun hat sie ☐ €.

f) Von den Großeltern bekommt Paula   geschenkt.

Dann hat sie ☐ €.

Name:

Malaufgaben mit Geld

6 · 5 € = ☐ €

1. Wie viel Geld hat jedes Kind gespart?
Schreibe Malaufgaben auf und rechne.

Alex

9 · 2 € = ☐ €

Maria

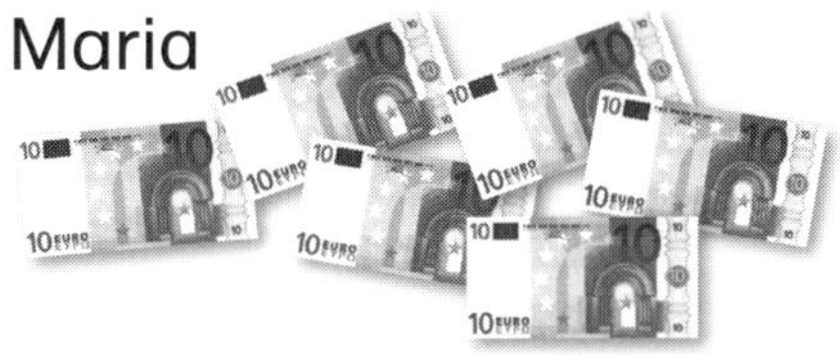

Alina

Irem

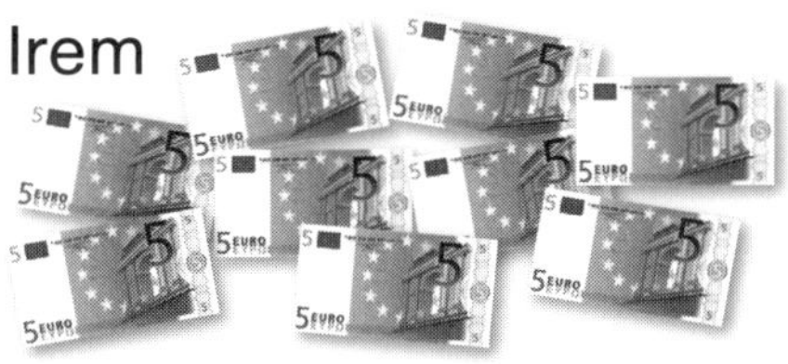

Moritz

Onur

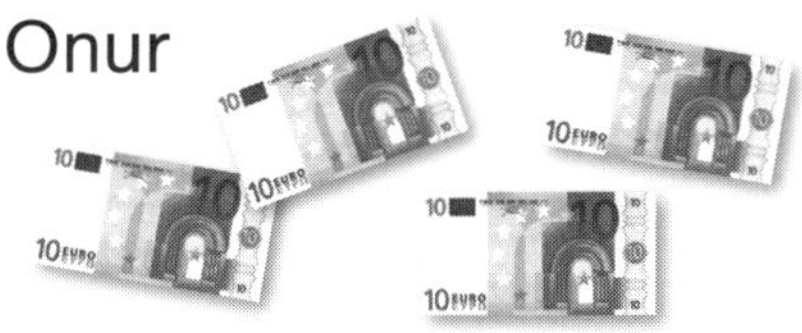

2. Wie viel Geld hat jedes Kind in seiner Spardose?
Rechne im Kopf oder schreibe in dein Heft.

Klara	6	3	4	67 €
Konrad	3	7	2	€
Luise	5	4	3	€

Lotta	2	3	5	€
Greta	10	6	1	€
David	7	5	3	€

Klara rechnet so: (6 · 2 €) + (3 · 5 €) + (4 · 10 €) = ☐ €

12 € + 15 € + 40 € = ☐ €

Domino: Kommaschreibweise beim Geld

Schneide die Karten an den gestrichelten Linien aus und lege richtig an.

✂

 START		3,52 €	
5,55 €		50,00 €	
23,20 €		5,50 €	
5,05 €		13,05 €	
0,25 €		23,02 €	
3,25 €		5,30 €	
0,35 €		55,55 €	ZIEL 

7. Kapitel: Geometrie

Vorbemerkung

In der zweiten Jahrgangsstufe wird der komplexe Bereich der Raumerfahrung und Raumerfassung weiter ausgebaut und vertieft. Neben der konkreten Orientierung im Raum nimmt die räumliche Orientierung in der Vorstellung an Bedeutung zu. Die Kinder lernen, mit nicht vorliegenden Gegenständen gedanklich umzugehen und schulen dabei ihr räumliches Vorstellungsvermögen. Analog zum Kopfrechnen werden daher Aufgaben zur „Kopfgeometrie" in den Unterricht einbezogen. Auch das „räumliche Sehen", das heißt eine flächige Darstellung räumlich zu verstehen und zu interpretieren, muss geschult werden. Derartige Übungen sollten immer wieder in die tägliche Unterrichtsarbeit einfließen.

Die im ersten Schuljahr begonnene Arbeit mit Flächenformen wird fortgesetzt. Zusätzlich zu den bereits bekannten zweidimensionalen Flächenformen untersuchen und beschreiben die Kinder nun erstmals dreidimensionale Körperformen.

Hinweise zu den Kopiervorlagen

Lerninhalte

- Sicheres Gebrauchen von Begriffen der räumlichen Lage
- Erfassen und Beschreiben der Lage von Gegenständen im Raum
- Erfassen und Beschreiben der Lage von Gegenständen aus verschiedenen Perspektiven (vorne, hinten, links, rechts), real und aus der Vorstellung

KV Seite 132

Lagebeziehungen

Die Kinder wiederholen die bereits aus dem ersten Schuljahr bekannten Begriffe zum Beschreiben der räumlichen Lage: rechts von, links von, vor, hinter, zwischen. Vorbereitend können diese Begriffe gemeinsam gesammelt und an die Tafel geschrieben werden.

Lösung

a) 15, 8, 11, 14, 1, 11

b) genau auf der Kreislinie: 1, 4, 5, 12
innerhalb des Kreises: 3, 14, 15
außerhalb des Kreises: 2, 6, 7, 8, 9, 10, 11, 13

c) Ball davor: 1, 3, 5, 7, 8, 9, 10, 11, 12, 13
Ball dahinter: 2, 4, 6, 14

Weiterführender Vorschlag

Das Spiel „Mein rechter, rechter Platz ist frei" (Spielanleitung siehe Seite 8) eignet sich zum Wiederholen der Begriffe der räumlichen Lage. Dafür wird auf Teppichfliesen oder mit Stühlen ein „Doppelkreis" gebildet, in dem jeweils zwei Kinder hintereinander sitzen. Ein Platz bleibt leer. Das Sprechmuster lautet: „Mein rechter, rechter Platz ist frei. Ich wünsche mir das Kind rechts von … (Name) herbei." Analog werden die Begriffe „links von …", „vor …", „hinter …", „zwischen … und …" eingesetzt. An der Tafel wird eine Strichliste geführt, die festhält, wie oft jeder Begriff schon verwendet wurde. Wer kann ein Wort verwenden, das noch keinen Strich/nur wenige Striche hat?

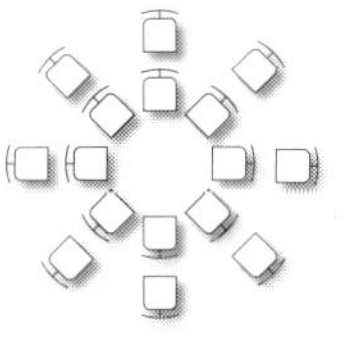

KV Seite 133

Lagebeziehungen aus verschiedener Sicht

Erfahrungsgemäß haben Kinder mit schwach ausgeprägtem räumlichen Vorstellungsvermögen bei der Beschreibung von Ansichten und Lagebeziehungen aus unterschiedlichen Perspektiven Schwierigkeiten. Deshalb sollten vor der Bearbeitung der Kopiervorlage zahlreiche reale Vorübungen stattfinden.

Stellen Sie um einen quadratischen oder rechteckigen Tisch an jede Seite einen Stuhl. In die Mitte des Tisches wird ein Stofftier gesetzt. Vier Kinder nehmen um den Tisch herum Platz und beschreiben der Reihe nach, wie sie das Stofftier aus ihrer Perspektive sehen. Dann tauschen sie reihum ihre Plätze, betrachten das Stofftier erneut und stellen fest, dass die Figur zwar gleich bleibt, sich die Ansicht aber ändert. Auf diese Weise können Sie die unterschiedlichen Sichtweisen von verschiedenen Standorten aus real nachvollziehen.

Als nächste Stufe wird die Lage verschiedener Gegenstände zueinander aus verschiedenen Perspektiven beschrieben. Legen Sie dafür wie abgebildet ein Lineal, eine Schere, einen Bleistift und einen Spielwürfel auf den Tisch:

Vier Kinder stellen sich nun an eine Seite des Tisches und beschreiben die Lage der Gegenstände, z. B. „Oben liegt das Lineal. Rechts darunter liegt der Bleistift …" Dann setzt sich jedes Kind an eine andere Tischseite und beschreibt die Lage der Dinge erneut, z. B. „Bei mir liegt das Lineal unten." – „Bei mir liegt das Lineal …"

Im Anschluss daran wird die Kopiervorlage eingesetzt. Die Namen der abgebildeten Kinder sind im Hinblick auf das spätere Lesen von Landkarten so gewählt, dass ihre Anfangsbuchstaben mit den Himmelsrichtungen übereinstimmen. Die Kinder versetzen sich in die Lage der abgebildeten Personen und führen den Perspektivenwechsel zunächst in der Vorstellung durch, anschließend überprüfen sie ihre Lösungen durch Drehen des Blattes.

Mithilfe der Abbildung können die Schüler in Partnerarbeit auch ein visuelles Gedächtnistraining durchführen: Sie sehen sich die neun abgebildeten Formen genau an und prägen sich ihre Lage ein. Ein Kind schließt seine Augen und der Partner stellt Fragen zur Lage der Formen, z. B. „Welche Form ist links oben?“ (großer Kreis); „Wie viele Ecken hat die Form genau in der Mitte?“ (vier Ecken); „Welche Form ist rechts unten?“ (kleiner Kreis).

Lösung

	Simon	Wiebke	Oliver	Nele
a) rechts oben	großes Rechteck	kleiner Kreis	großer Kreis	kleines Dreieck
b) rechts unten	kleiner Kreis	kleines Dreieck	großes Rechteck	großer Kreis
c) links oben	großer Kreis	großes Rechteck	kleines Dreieck	kleiner Kreis
d) links unten	kleines Dreieck	großer Kreis	kleiner Kreis	großes Rechteck

Lerninhalte
- Beschreiben von Wegen im Raum
- Nachvollziehen von Wegen auf einem einfachen Plan von einem gegebenen Anfangspunkt zu einem gegebenen Ziel

KV Seite 134

Wege im Raum
Auf dieser Kopiervorlage vollziehen die Kinder die Wege des Hasen und des Igels im Raster anhand der Wegbeschreibungen nach. Falls nötig, können die Kinder das Blatt entsprechend drehen, um jeweils in die gleiche Richtung der Figuren „zu schauen“. Anschließend ergänzen sie den Lückentext und beschreiben den Weg des Schmetterlings zur Blume.

Beschreiben Sie auf dem Raster zwischen zwei Bildern weitere Wege, die die Kinder nachvollziehen.

Lösung
Aufgabe 1:
Das Ziel des Hasen ist der Apfel.

Aufgabe 2:
Das Ziel des Igels ist der Baum.

Aufgabe 3:
Zuerst fliegt er 4 Felder geradeaus bis zum Kleeblatt. Dort dreht er sich nach rechts und fliegt 5 Felder geradeaus. Er dreht sich nach rechts und fliegt 3 Felder geradeaus.

Weiterführender Vorschlag
Machen Sie mit den Kindern eine „Reise im Kopf“ durchs Schulhaus. Die Kinder schließen ihre Augen und folgen in Gedanken Ihrer Beschreibung, z. B.: „Du gehst aus dem Klassenzimmer, drehst dich nach … und gehst geradeaus bis … Dort drehst du dich nach … Bei welchem Raum kommst du an?“

Als nächste Stufe beschreiben die Kinder aus der Vorstellung den Weg zu einem vorgegebenen Ziel, z. B. „Wie kommst du von der Klassenzimmertür zum Schuleingang, zur Sporthalle, zum Pausenhof …?“ Falls dabei Schwierigkeiten auftreten, gehen Sie die Wege gemeinsam mit den Kindern nach, wobei jeder Teilschritt beschrieben wird. An den entsprechenden Stellen können die Kinder auch kopierte Verkehrsschilder mit Rechts-/Linkspfeilen hochhalten.

Lerninhalte
- Benennen von Flächenformen und Beschreiben ihrer Eigenschaften
- Zeichnen von Flächenformen mit dem Lineal
- Auslegen von Umrissfiguren mit kleineren Flächenformen
- Legen und Fortsetzen von Mustern (Parkettieren)
- Falten von Formen in der Vorstellung (Kopfgeometrie)

KV Seite 135

Figuren am Geobrett
Mithilfe des Geobretts können die Kinder ihre visuelle Wahrnehmungsfähigkeit schulen und Erfahrungen zu Flächenformen sammeln. Für je zwei Kinder sollte ein Geobrett zur Verfügung stehen. Mit Gummiringen spannen die Kinder Formen und Muster und werden so selbstständig tätig. Dabei werden genaues Betrachten, bewegliches Denken sowie die Kreativität gefördert. Beim Nachzeichnen der gespannten Figuren ist sorgfältiges Zeichnen erforderlich.

Die erste Aufgabe können die Kinder auch ohne Geobrett lösen, indem sie die jeweils genannten Punkte („Nägel") mit Farbstiften verbinden. Dabei wiederholen sie die ihnen aus dem ersten Schuljahr bereits bekannten Formen Dreieck, Rechteck und Quadrat.

Bei der zweiten Aufgabe empfiehlt es sich, dass die Kinder die Figur auf dem Geobrett spannen. Anschließend drehen sie das Geobrett und zeichnen die neue Lage der Figur ab. Die schwarze Ecke markiert jeweils die Lage des Geobretts.

Lösung
Aufgabe 1:
a) Quadrat, b) Rechteck, c) Dreieck,
d) Rechteck, e) Dreieck

KV Seite 136

Mit dem Lineal zeichnen

Vielen Kindern fällt es erfahrungsgemäß schwer, das Lineal so festzuhalten, dass es beim Zeichnen einer Linie nicht verrutscht: Mit den gespreizten Fingern der Haltehand wird das Lineal in der Mitte fest auf das Papier gedrückt, während die Schreibhand mit dem Bleistift am Rand des Lineals entlangfährt. Für die Kinder wird das Zeichnen einfacher, wenn sie das Papier immer so drehen, dass sie nur waagrechte Striche zu zeichnen brauchen. Sowohl beim Zeichnen gerader Linien als auch für das Unterstreichen von Überschriften sollten die Schüler ein Lineal verwenden und so im Laufe der Zeit Übung gewinnen. Auch regelmäßige Fingerspiele und handgymnastische Übungen können zum Weiterentwickeln der Feinmotorik und der Handgeschicklichkeit beitragen.

Die erste und die dritte Aufgabe trainieren zum einen den richtigen Gebrauch des Lineals, zum anderen wird beim Zeichnen der vorgegebenen Formen und Muster die Konzentration gefördert. Bei der zweiten Aufgabe wiederholen die Kinder die Flächenformen.

Lösung
Aufgabe 2:
2 Rechtecke, 2 Quadrate, 8 Dreiecke

KV Seite 137

Figuren legen

Die Kinder malen die Quadrate und Dreiecke am unteren Rand des Blattes aus und schneiden sie aus. Bereits aus diesen wenigen Plättchen können zahlreiche Figuren entstehen. Die Kinder legen die beiden vorgegebenen Figuren mit ihren Plättchen aus. Zuvor schätzen sie, welche und wie viele Formen sie dafür benötigen.

Angeregt durch diese beiden Beispiele sollen die Kinder weitere Figuren legen, eventuell auch in Partnerarbeit mit zwei Plättchensätzen.

Lösung
Aufgabe 2:

	gelegt
Quadrate	1
große Dreiecke	–
kleine Dreiecke	4
gesamt	5

	gelegt
Quadrate	1
große Dreiecke	3
kleine Dreiecke	3
gesamt	7

KV Seite 138

Muster legen

Aus dem ersten Schuljahr kennen die Kinder sich wiederholende Formen und Farben als Kennzeichen eines Musters. Mit den Plättchen von Seite 137 legen sie die vorgegebenen Muster und zeichnen sie mit dem Lineal auf dem Karopapier weiter.

KV Seite 139

Falten

Mithilfe der bildlich dargestellten Faltanleitung stellen die Kinder aus einem DIN-A4-Blatt einen Papierbecher her. Während des Faltens wenden sie die bereits bekannten Begriffe zur Beschreibung der Lage an. Anschließend setzen sie die fehlenden Wörter in den Lückentext der Faltanweisung ein. Das mündliche und schriftliche Formulieren zu einer grafisch vorgegebenen Faltanweisung erfordert exaktes Verbalisieren (Verbindung zum Deutschunterricht).

Der Papierbecher ist stabiler und haltbarer, wenn die obere Ecke, die nach vorne geklappt wird, in den offenen Schlitz des Querstreifens von oben eingesteckt wird. Der Becher kann tatsächlich mit Wasser gefüllt und zum Trinken verwendet werden. Alternativ kann daraus auch ein Geschicklichkeitsspiel hergestellt werden: Dafür braucht man eine kleine Perle und ein etwa 50 cm langes Stück Wollfaden. In das eine Ende der Wolle wird ein dicker Knoten gemacht, die Perle wird von der anderen Seite her aufgefädelt und gegen den Knoten geschoben. Das andere Ende des Fadens wird mit einem Klebestreifen innen am oberen Rand des Bechers befestigt. Die Kinder nehmen den Becher in eine Hand, wobei die Kugel außen am Faden baumelt. Nur durch die Bewegung der Hand versuchen sie nun, die Kugel mit dem Becher zu fangen.

Lösung
Quadrat, Dreieck, linke, rechte, Ecke, Dreiecksseite, obere Ecke, hinten

Weiterführender Vorschlag
Führen Sie mit den Kindern kopfgeometrische Übungen durch. Die Kinder stellen sich ein Quadrat vor und vollziehen in Gedanken die Faltung nach, die Sie beschreiben. Schließlich nennen sie die Form, die dabei entsteht.

Mögliche Faltanleitungen:
a) Ich falte die beiden linken Ecken auf die zwei rechten Ecken. (Rechteck)
b) Ich falte die Ecke links oben auf die Ecke rechts unten. (Dreieck)
c) Ich falte die Ecke rechts unten zur Mitte. (Fünfeck)
d) Ich falte die beiden oberen Ecken zur Mitte. (Fünfeck)
e) Ich falte die obere Seite auf die untere Seite und dann die rechte Seite auf die linke. (Quadrat)

Im Anschluss daran können die Kinder die Faltübungen mit einem Blatt Papier tatsächlich durchführen und überprüfen, ob sie die richtige Form genannt haben.

KV Seite 140

Legespiele mit Streichhölzern

Das Knobeln mit Streichhölzern erfordert bewegliches Denken und vorausschauendes Handeln „im Kopf", das sich durch Legen überprüfen lässt. Jedes Kind benötigt 24 Streichhölzer, Zahnstocher oder andere Holzstäbchen. Zunächst sollen die Kinder die Anzahl der vorhandenen Quadrate feststellen. Geben Sie dazu den Hinweis, dass sie alle Quadrate zählen sollen, d.h. die Quadrate können auch ineinander liegen oder sich überschneiden. Die Kinder legen die vorgegebenen Formen nach und versuchen einzelne Hölzer so umzulegen, dass die geforderte neue Figur entsteht. Stellen Sie die Musterlösungen auf einem Blatt zur Verfügung, damit die Kinder sie mit ihrer Lösung selbstständig vergleichen können.

Lösung

Aufgabe 1:

a) Es ist ein Quadrat.

b) 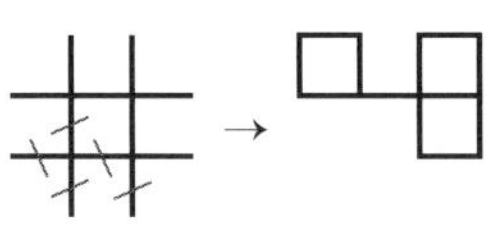 oder 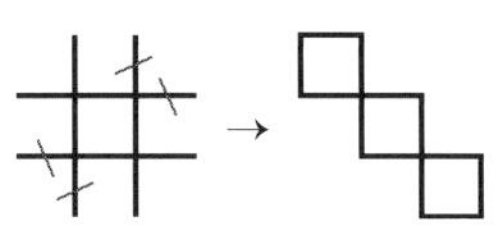

Aufgabe 2:

a) 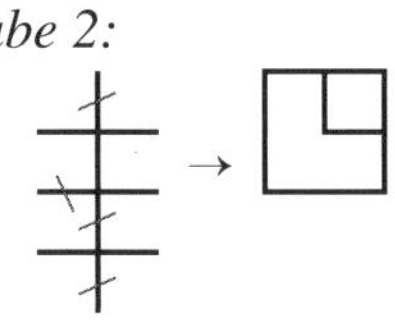

Aufgabe 3:

a) Es sind 14 Quadrate.

b) 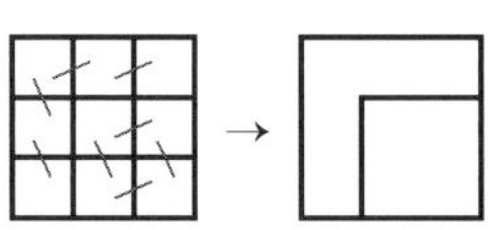

Lerninhalte
- Entdecken der Körperformen Würfel, Quader und Kugel in der Umwelt
- Benennen der Körperformen
- Herstellen von Körpermodellen (Flächenmodell, Kantenmodell)
- Herstellen von Würfel- und Quaderhäusern aus kleinen Würfeln
- Beschreiben und Berechnen der Zusammensetzung der Würfel- und Quaderhäuser

KV Seite 141

Körperformen-Ausstellung

Als Vorbereitung auf das Thema sammeln die Kinder verschiedenste Alltagsgegenstände mit den angegebenen Körperformen (z. B. Verpackungen) und stellen sie auf einem Ausstellungstisch zusammen.

Manche Kinder haben Schwierigkeiten, zwischen „Fläche" und „Körper" zu unterscheiden. Folgende Erklärungen können in diesem Fall hilfreich sein: Eine Fläche braucht nur in zwei Richtungen Platz (Länge, Breite), ein Körper dagegen in drei Richtungen (Länge, Breite, Höhe). Über eine Fläche kann ich mit der flachen Hand streichen. Eine Fläche kann ich zusammenfalten, einen Körper nicht. Lassen Sie die Kinder an Gegenständen Flächen und Körper unterscheiden, z. B. Tafel und Fenster sind Flächen, Schrank und Schachtel sind Körper.

Zum Unterscheiden der Begriffe „Kante" und „Ecke" eignen sich folgende Erklärungen: An einer Kante stoßen zwei Flächen zusammen. An einer Kante kann man mit zwei Fingern entlangfahren. An einer Ecke stoßen drei Flächen zusammen. An einer Ecke man sich leicht stoßen, man kann eine Ecke mit einem Finger antippen.

Lösung

Aufgabe 1:

Falsch zugeordnete Gegenstände: Würfel: Buch → Quader, Quader: Ball → Kugel; Kugel: Schachtel → Würfel

Aufgabe 2:

Quader: 8 Ecken und 12 Kanten; Kugel; Würfel: 8 Ecken und 12 Kanten

Weiterführende Vorschläge
- Tasträtsel: Gegenstände unter einem Tuch ertasten, beschreiben („Ich fühle … Flächen / Kanten / Ecken.") und benennen
- Schattenbilder: Wird ein geometrischer Körper auf den Tageslichtprojektor gelegt, so erscheint auf der Projektionsfläche eine Fläche. Welcher Körper ist es?

KV Seite 142

Würfel und Quader

Die Kinder stellen in Partnerarbeit aus Kartonstücken einen Quader und einen Würfel her. Bieten Sie entweder verschiedene Kartonstücke an oder lassen Sie die Schüler selbst passende Teile aus Karton ausschneiden. Die Kartonstücke sollten keine Klebelaschen haben, da sie die Form der Flächen verfälschen würden. Bei der Auswahl geeigneter Flächen wird unterschieden: „Für einen Würfel brauche ich sechs gleich große Quadrate, für einen Quader dreimal je zwei gleich große Rechtecke.“ Die Kinder kleben die einzelnen Kartonstücke zuerst nur in der Mitte der Kanten mit einem Stück Klebstreifen zusammen, später bringen sie dann weitere Klebstreifen an. Für das Kantenmodell benötigen die Kinder Zahnstocher bzw. Schaschlikspieße (Kanten) und Kugeln aus Knetmasse (Ecken).

Lösung

Aufgabe 1:
Für den Quader werden nicht benötigt:
2 der vier kleinen Rechtecke
4 Quadrate

Aufgabe 2:
12 Zahnstocher (= Kanten) und 8 Knetkugeln (= Ecken).

Aufgabe 3:
a) Beide Körper haben 6 Flächen, 12 Kanten, 8 Ecken.

b) 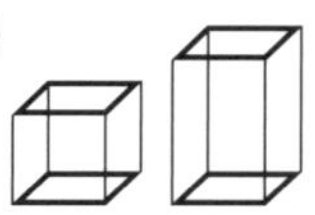

c) 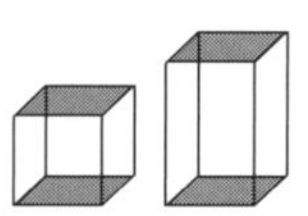

KV Seite 143

Würfel- und Quaderhäuser

Das Bauen von Würfel- und Quaderhäusern aus kleinen Würfeln macht Kindern viel Freude und regt zugleich zum geometrischen Betrachten an. Für das Berechnen der Anzahl der verwendeten Würfel müssen die Kinder bereits die Multiplikation kennengelernt haben. Im Klassenzimmer sollten ausreichend kleine Würfel zum Nachbauen vorhanden sein.

Bei der ersten Aufgabe wird die Fähigkeit des räumlichen Sehens trainiert. Die Kinder sollten die Tabelle zunächst nur anhand der Abbildungen mit Bleistift ausfüllen. Dann bauen sie in Zweier- oder Vierergruppen die Würfelhäuser nach und überprüfen ihre Lösungen.

Als Zusatzfrage können die Kinder herausfinden, wie viele Würfel für alle vier Würfelhäuser nötig sind: Es sind 1 + 8 + 27 + 64 = 100 Würfel.

Analog zu den Würfelhäusern berechnen die Kinder die Anzahl der kleinen Würfel, aus denen die Quaderhäuser bestehen.

Lösung

Aufgabe 1:

	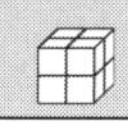	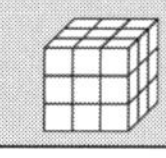	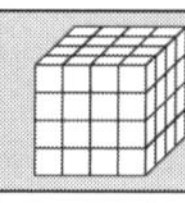
In einer Reihe sind … Würfel.	2	3	4
Es sind … Reihen.	2	3	4
Es liegen … Würfel unten.	2 · 2 = 4	3 · 3 = 9	4 · 4 = 16
Das Haus hat … Stockwerke.	2	3	4
Es sind insgesamt … Würfel.	2 · 4 = 8	3 · 9 = 27	4 · 16 = 64

Aufgabe 2:

	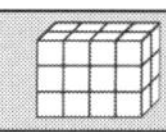	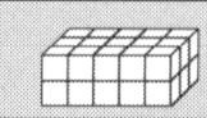
Es liegen … Würfel unten.	4 · 2 = 8	5 · 3 = 15
Das Haus hat … Stockwerke.	3	2
Es sind insgesamt … Würfel.	3 · 8 = 24	2 · 15 = 30

KV Seite 144

Seitenansichten

Auf dieser Kopiervorlage wird die Ansicht von Würfelhäusern aus verschiedenen Perspektiven aufgegriffen. Da diese Aufgabe sehr hohe Ansprüche an das räumliche Vorstellungsvermögen stellt, sollten die Schüler die Würfelhäuser auf jeden Fall mit kleinen Würfeln nachbauen und aus den vorgegebenen Perspektiven betrachten.

Lösung

a)

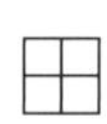 Simon

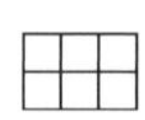 Wiebke

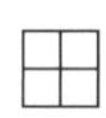 Nele

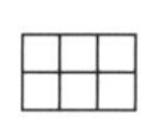 Oliver

b)

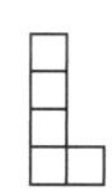 Simon

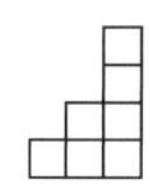 Oliver

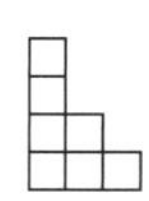 Wiebke

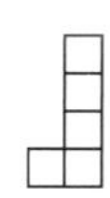 Nele

Name:

Lagebeziehungen

Welche Kinder sagen die Sätze?
Schreibe hinter jeden Satz die passende Nummer.

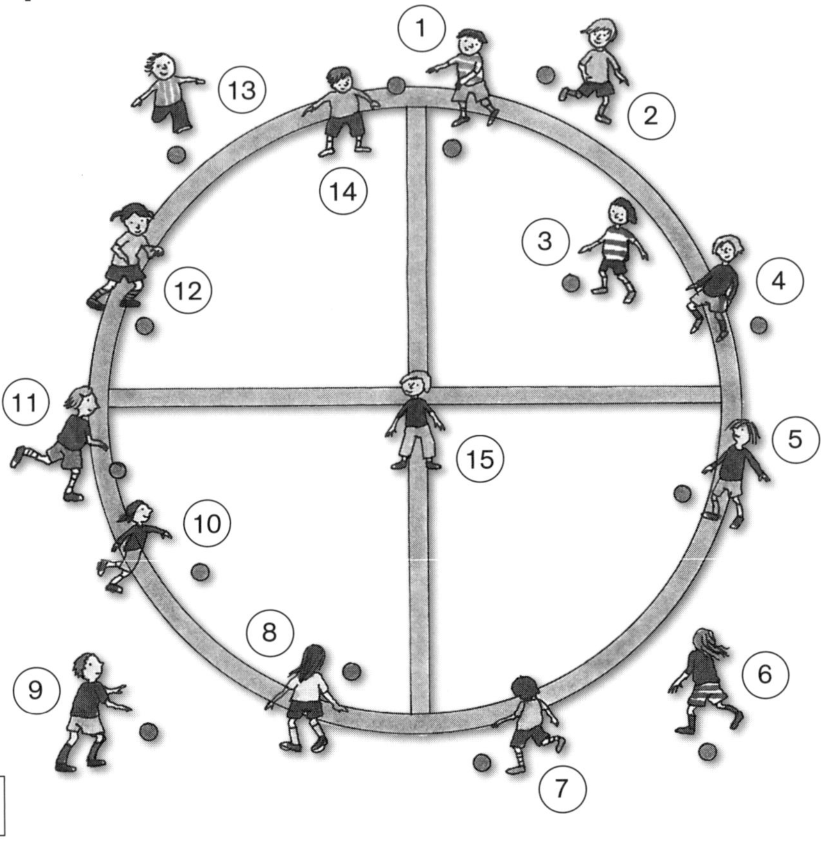

a) Ich stehe in der Mitte: ☐

Rechts neben mir ist die 7: ☐

Links neben mir ist die 12: ☐

Ich bin zwischen 13 und 1: ☐

Ich bin rechts neben der 2: ☐

Ich bin links neben der 10: ☐

b) Wir sind genau auf der Kreislinie: ☐, ☐, ☐ und ☐

Wir sind innerhalb des Kreises: ☐, ☐ und ☐

Wir sind außerhalb des Kreises: ☐, ☐, ☐, ☐, ☐, ☐, ☐ und ☐

c) Mein Ball ist vor mir: ☐, ☐, ☐, ☐, ☐, ☐, ☐, ☐, ☐ und ☐

Mein Ball ist hinter mir: ☐, ☐, ☐ und ☐

Name:

Lagebeziehungen aus verschiedener Sicht

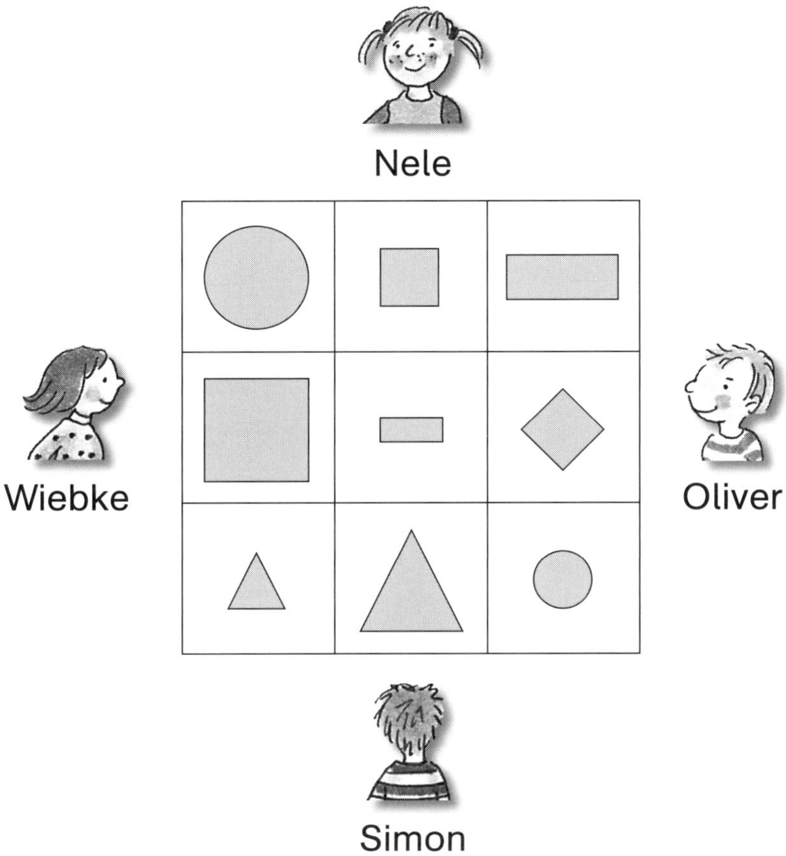

Wie sehen die Kinder die Formen? Welche Form ist aus der Sicht von …

	 Simon	 Wiebke	 Oliver	 Nele
a) rechts oben?	großes Rechteck			
b) rechts unten?				
c) links oben?				
d) links unten?				

Name:

Wege im Raum

1. Zeichne den Weg des Hasen rot ein und rahme sein Ziel ein.

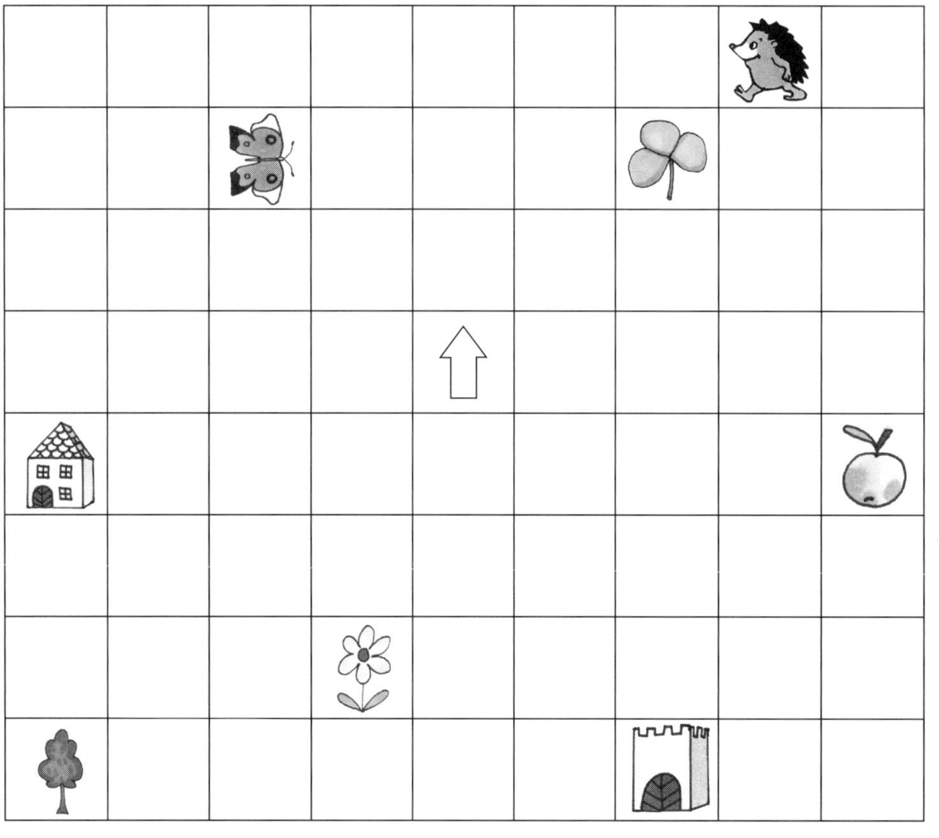

Der Hase steht auf dem Feld mit dem Pfeil und schaut in Richtung des Pfeils.

a) Er geht 2 Felder vorwärts.

b) Er dreht sich nach rechts und läuft 4 Felder weiter.

c) Er dreht sich wieder nach rechts und läuft 3 Felder weiter.

2. Zeichne den Weg des Igels mit einem grünen Stift ein und rahme sein Ziel ein.

a) Der Igel geht in Blickrichtung 5 Felder vorwärts.

b) Er dreht sich nach links und läuft 7 Felder weiter.

c) Er dreht sich nach rechts und geht 2 Felder.

3. Wie kommt der Schmetterling zur Blume?
Zeichne seinen Weg mit einem gelben Stift ein und ergänze die Lücken.

Zuerst fliegt er ____________ bis zum Kleeblatt.

Dort dreht er sich nach ____________ und fliegt ____________.

Er dreht sich ____________ und fliegt ____________.

Figuren am Geobrett

1. Welche Formen entstehen, wenn du einen Gummiring um diese Nägel legst?

a) 2, 4, 14, 12

b) 12, 15, 25, 22

c) 2, 15, 16

d) 8, 14, 22, 16

e) 9, 13, 17, 19

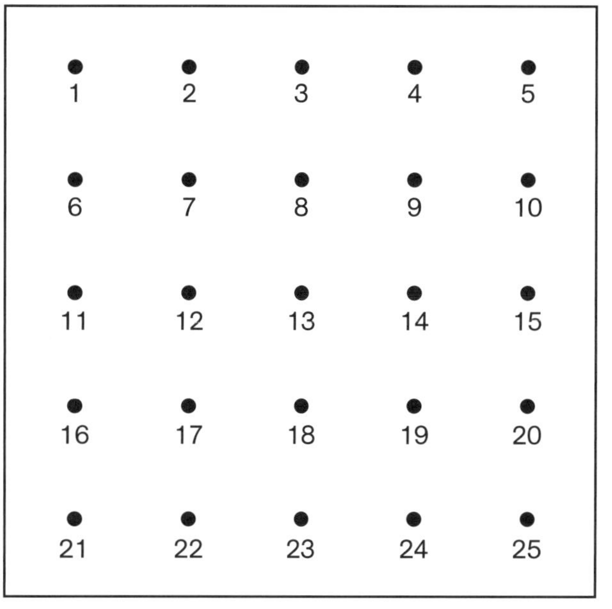

Zeichne die Figuren mit verschiedenen Farben ein.

2. Spanne die Figuren auf deinem Geobrett. Drehe dann dein Geobrett. Wie sehen die Figuren nun aus? Zeichne sie.

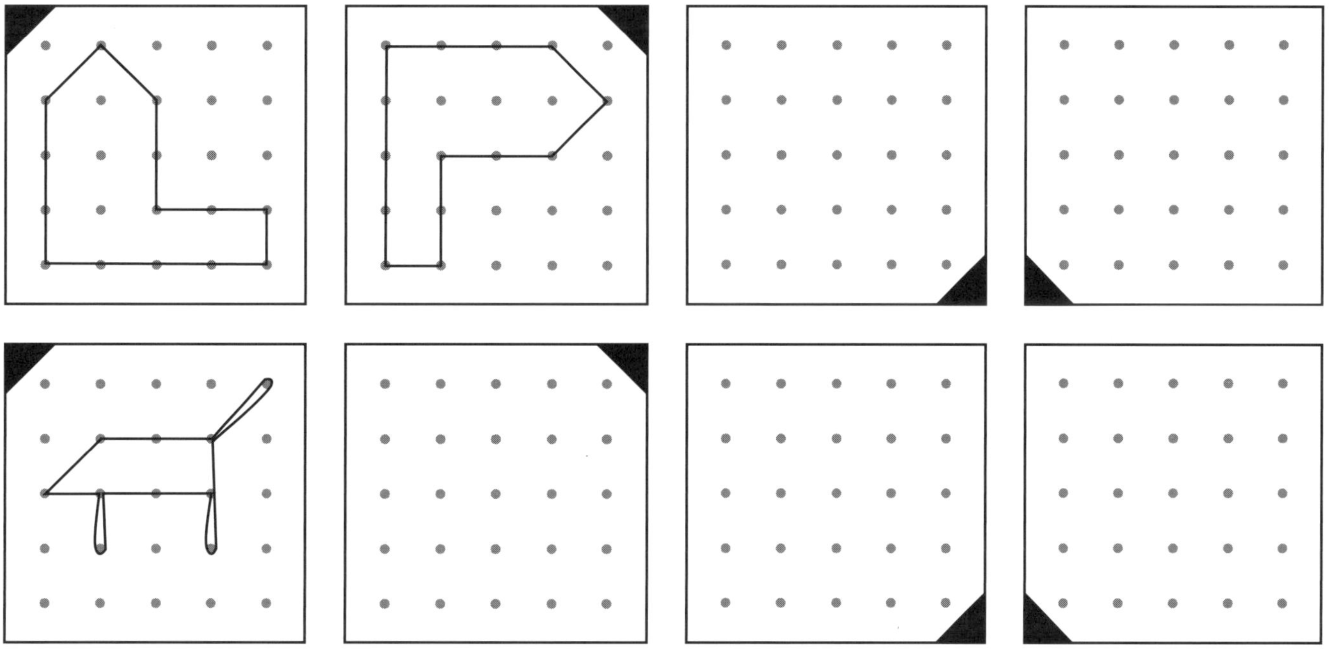

Name:

Mit dem Lineal zeichnen

1. Verbinde die Punkte mit dem Lineal und zeichne die Figur ab. Verwende diese Farben:

Rot für waagrechte Striche
Blau für senkrechte Striche
Grün für schräge Striche

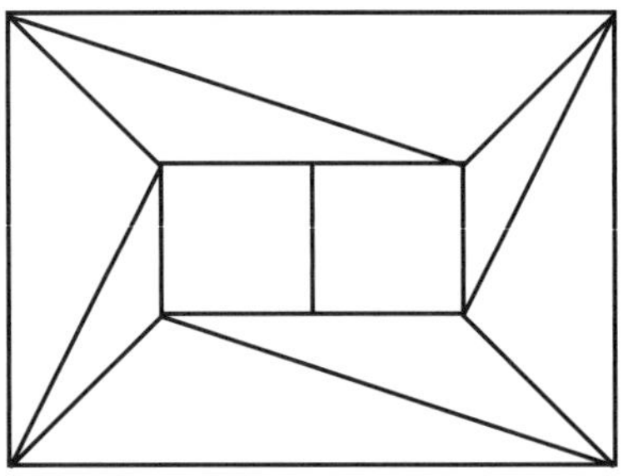

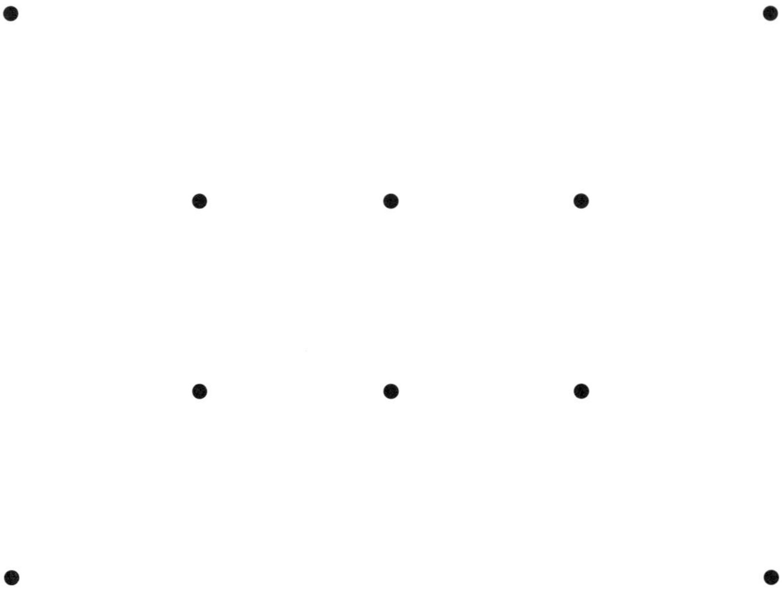

2. Betrachte die Figur. Welche Formen kannst du sehen? Wie viele Formen sind es jeweils? Trage ein.

☐ Rechtecke ☐ Quadrate ☐ Dreiecke

3. Zeichne das Muster mit dem Lineal weiter. Färbe es so, dass keine gleichfarbigen Flächen aneinanderstoßen.

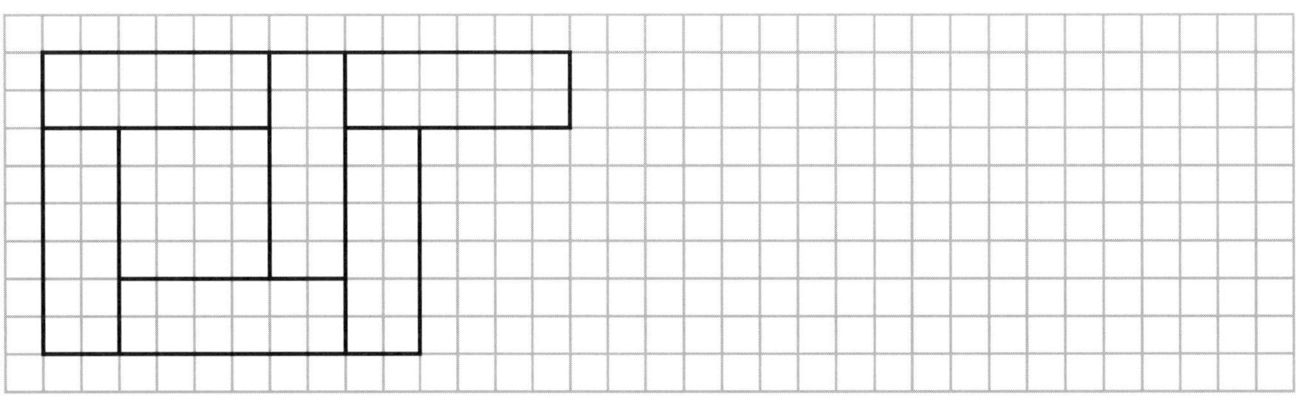

Name:

Figuren legen

1. Male die Formen unten mit deiner Lieblingsfarbe aus. Schneide sie aus. Du erhältst 10 Plättchen.

2. Lege die beiden Figuren mit den Plättchen aus. Überlege zuerst: Welche und wie viele Formen brauchst du?

	geschätzt	gelegt
Quadrate		
große Dreiecke		
kleine Dreiecke		
gesamt		

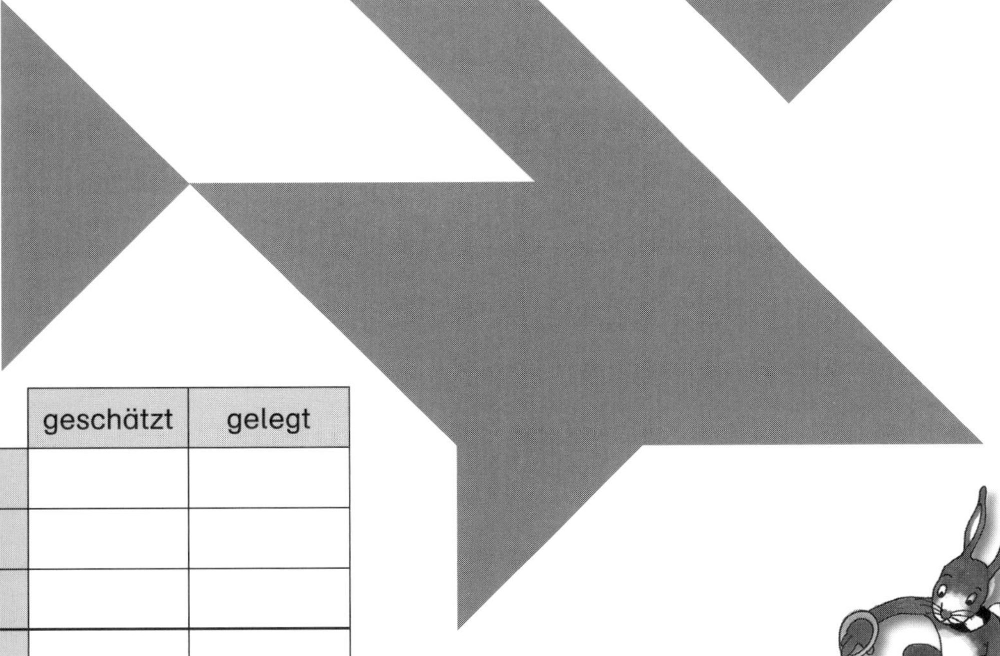

	geschätzt	gelegt
Quadrate		
große Dreiecke		
kleine Dreiecke		
gesamt		

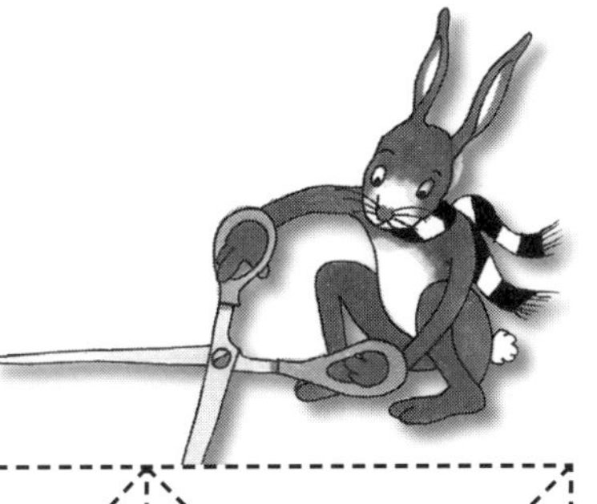

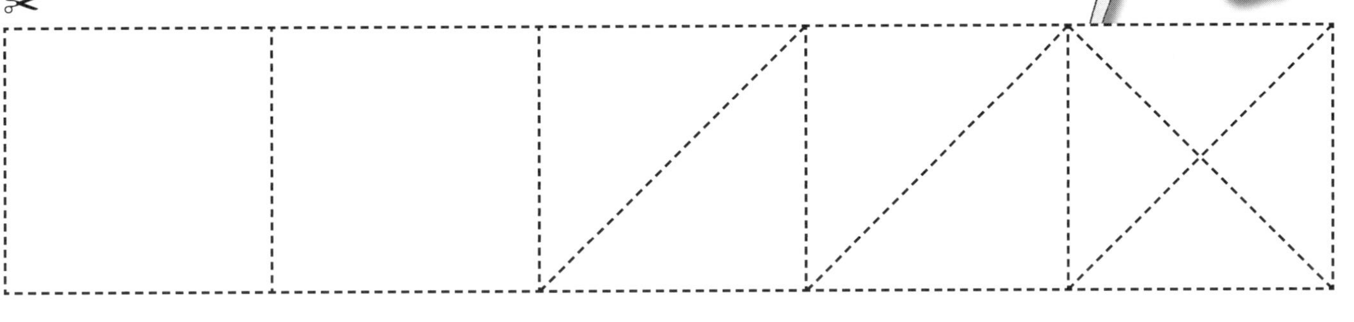

Name:

Muster legen

Lege diese Muster mit den Formen von Seite 137 und zeichne das Muster weiter.

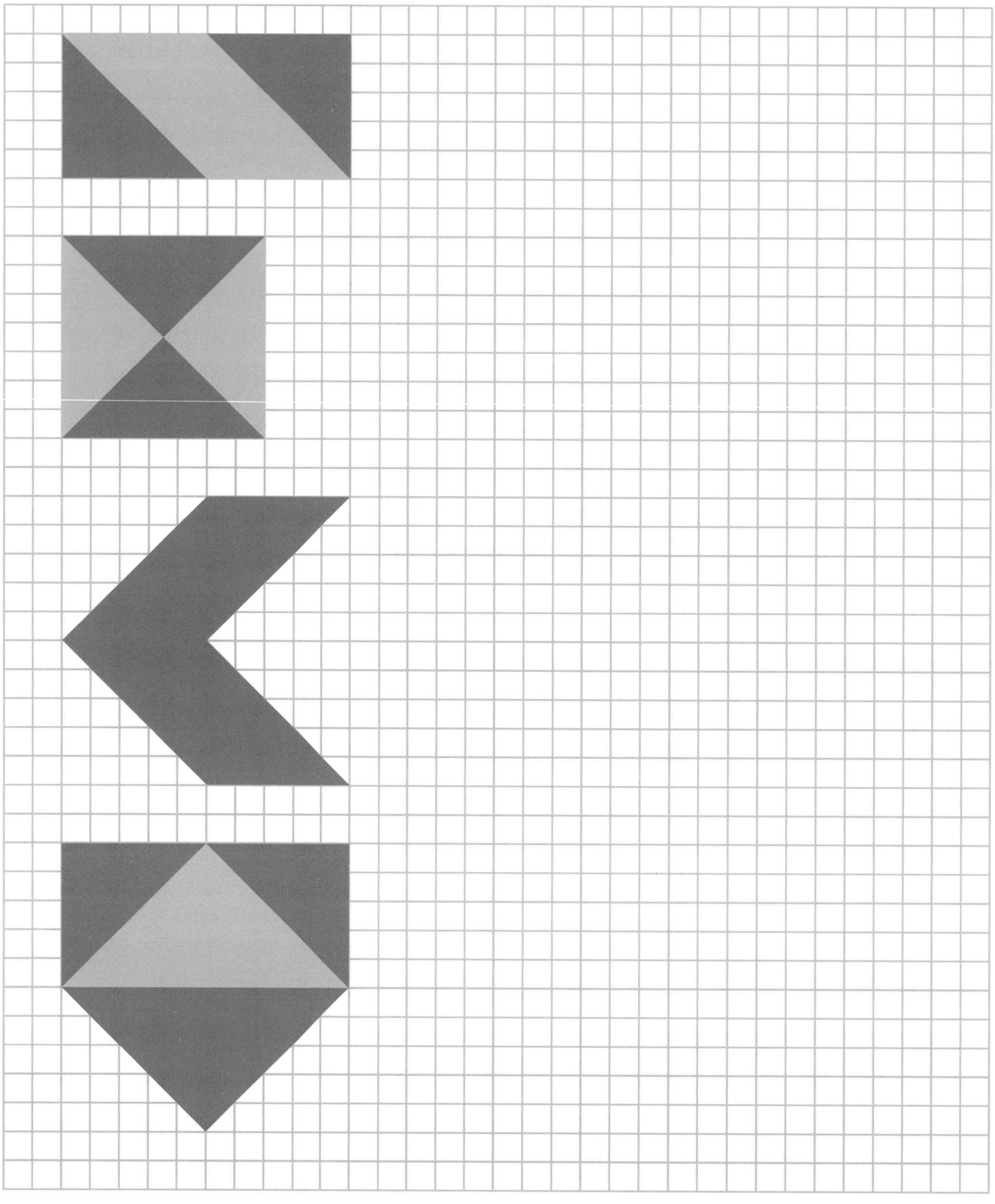

Name:

Falten

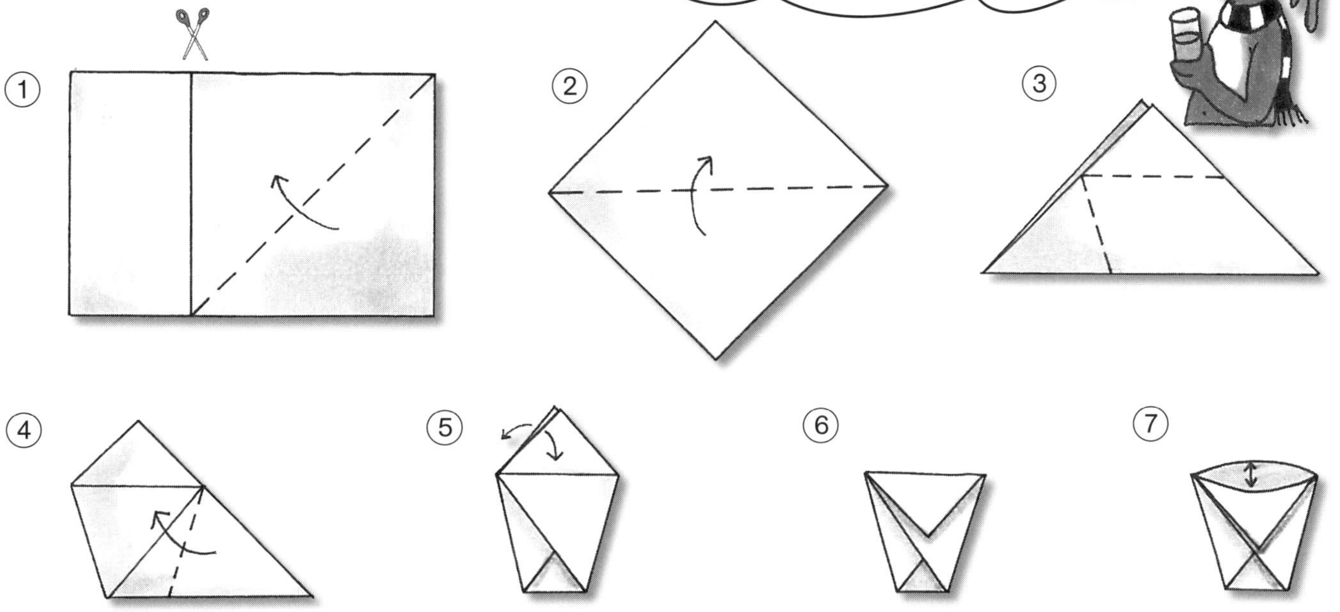

Betrachte die Faltanleitung, falte und setze die passenden Wörter ein.

rechte | hinten | Dreieck | Ecke | obere Ecke | Quadrat | linke | Dreiecksseite

Ich lege das DIN-A4-Blatt quer vor mich hin. Zuerst falte ich die rechte untere Ecke nach oben. Den überstehenden Streifen auf der linken Seite schneide ich ab. Jetzt habe ich ein ________. Ich klappe das Quadrat an der Faltlinie zu einem ________ zusammen. Ich falte die ________ Ecke des Dreiecks auf die ________ Dreiecksseite. Dann klappe ich die rechte ________ auf die linke ________. Zum Schluss falte ich eine ________ nach vorne und die andere obere Ecke nach ________ um. Drücke ich die beiden oberen Ecken von außen etwas zusammen, dann öffnet sich der Papierbecher.

Name:

Legespiele mit Streichhölzern

(1)

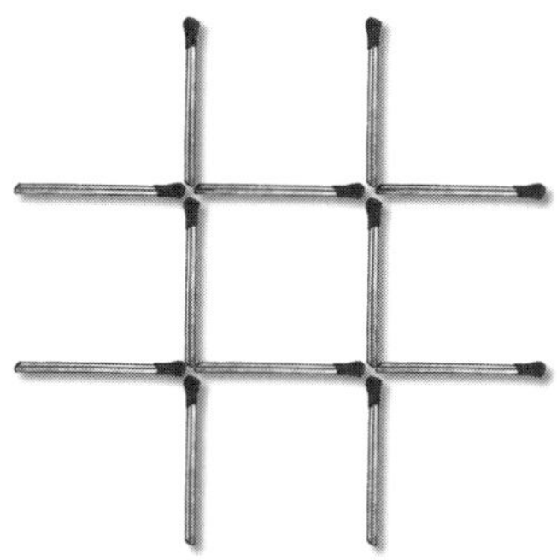

a) Wie viele Quadrate kannst du sehen? ☐

b) Lege nach.
Lege die Hölzer so um, dass du drei gleich große Quadrate erhältst.

c) Zeichne die neue Figur.

(2)

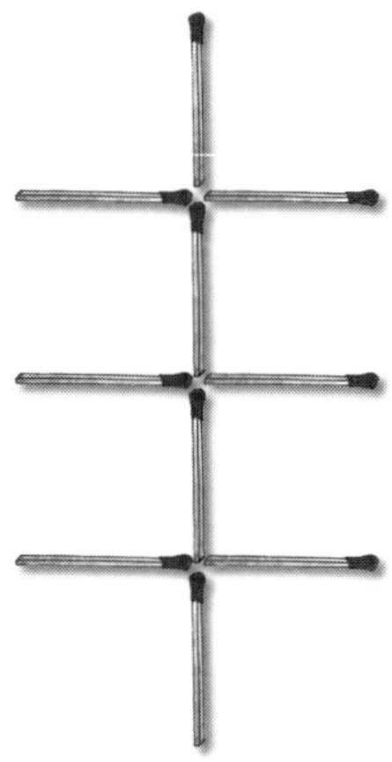

a) Lege nach.
Lege vier Hölzer um, sodass du zwei verschieden große Quadrate erhältst.

b) Zeichne die neue Figur.

(3)

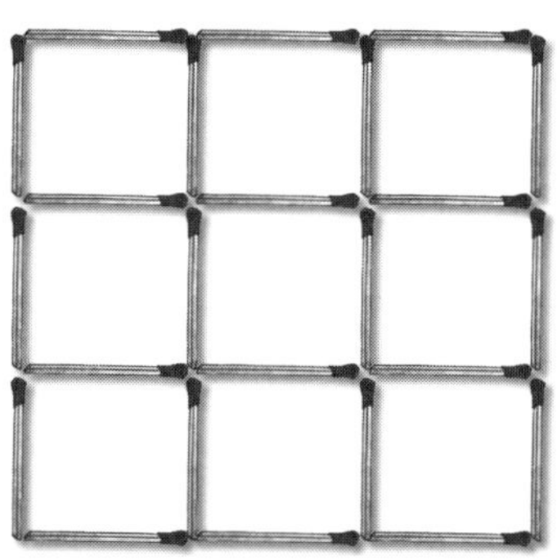

a) Wie viele Quadrate kannst du sehen? ☐

b) Lege nach.
Nimm acht Hölzer weg, sodass du zwei verschieden große Quadrate erhältst.

c) Zeichne die neue Figur.

Name:

Körperformen-Ausstellung

1. Immer ein Gegenstand passt nicht. Ordne ihn mit einem Pfeil richtig zu.

Würfel-Ausstellung	Quader-Ausstellung	Kugel-Ausstellung

2. Welche Körperformen sind das?
Schreibe die Namen dazu und ergänze die fehlenden Zahlen.

Von meinen sechs Flächen sind je zwei gegenüberliegende Rechtecke gleich groß. Ich habe ☐ Ecken und ☐ Kanten.

Ich habe keine Kanten und keine Ecken. Ich kann in jede Richtung rollen.

Meine sechs Flächen sind alle gleich große Quadrate. Ich habe ☐ Ecken und ☐ Kanten.

Name:

Würfel und Quader

1. Aus welchen Flächen kannst du diese Schachtel zusammenbauen?

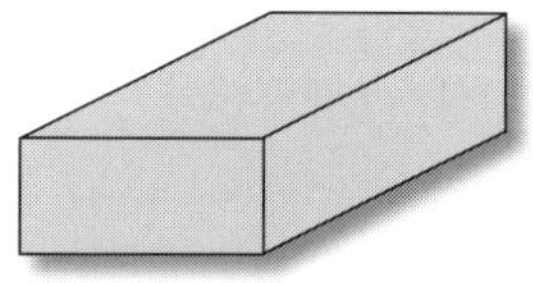

2. Aus Zahnstochern und Knetkugeln kannst du einen Würfel zusammenbauen. Wie viele Zahnstocher und Knetkugeln brauchst du?

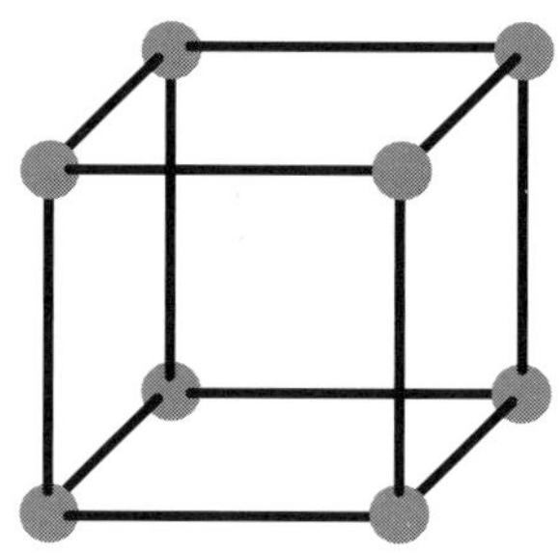

☐ Zahnstocher und ☐ Knetkugeln

3. Vergleiche Würfel und Quader.

a) Zähle die Flächen, Kanten, Ecken und trage ein.

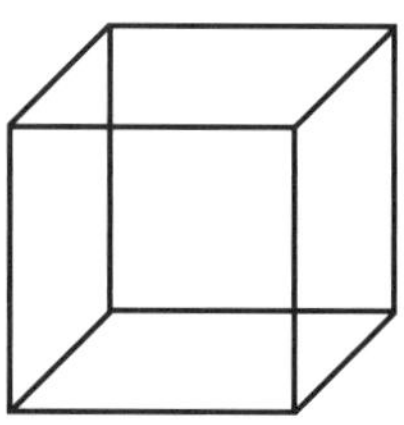

Würfel		Quader
	Flächen	
	Kanten	
	Ecken	

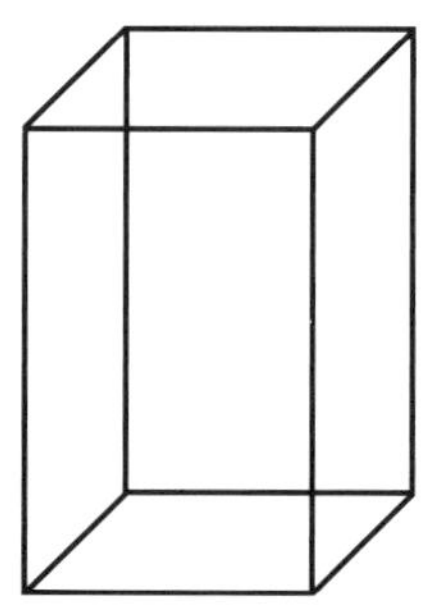

b) Welche Kanten sind bei Würfel *und* Quader gleich lang? Male sie rot an.

c) Welche Flächen sind bei Würfel *und* Quader gleich? Male sie blau aus.

Name:

Würfel- und Quaderhäuser

1. Wie viele kleine Würfel hat jedes Würfelhaus?

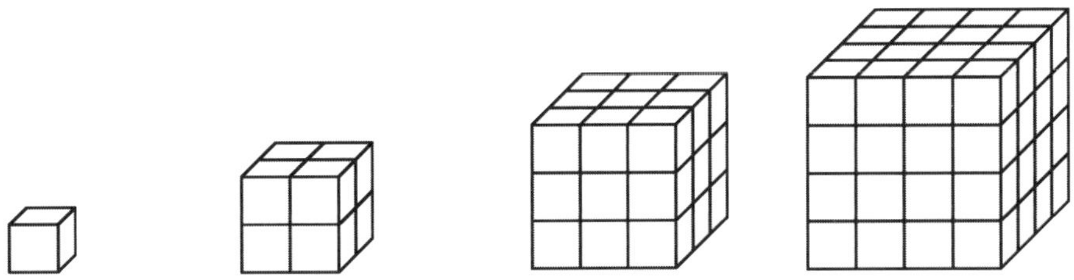

	kleines Haus	großes Haus	Riesenhaus
In einer Reihe sind … Würfel.	2		
Es sind … Reihen.	2		
Es liegen … Würfel unten.	$2 \cdot 2 = 4$		
Das Haus hat … Stockwerke.	2		
Es sind insgesamt … Würfel.	$2 \cdot 4 =$		

2. Baue aus kleinen Würfeln Quaderhäuser.
Wie viele kleine Würfel hat jedes Haus?

A

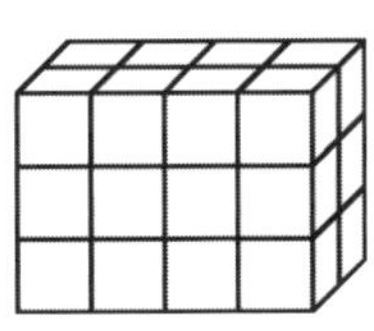

B

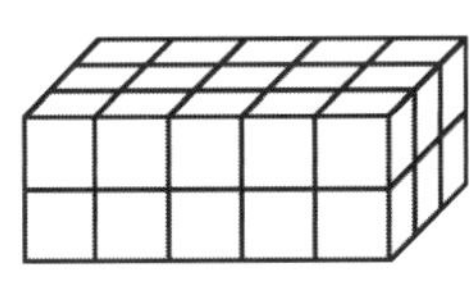

	A	B
Es liegen … Würfel unten.	$4 \cdot 2 =$	
Das Haus hat … Stockwerke.		
Es sind insgesamt … Würfel.		

Name:

Seitenansichten

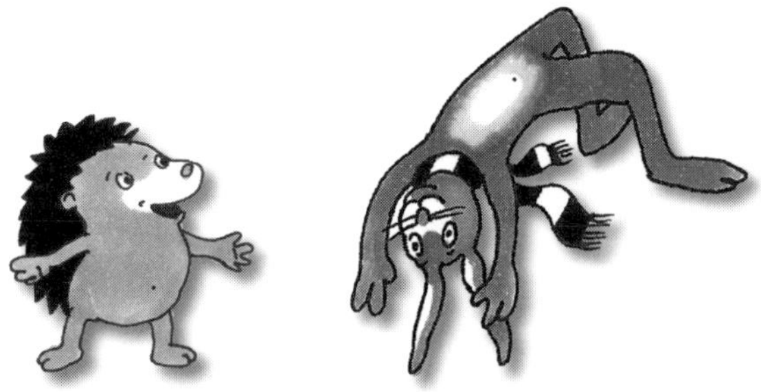

Wie sehen die Kinder das Würfelhaus?
Schreibe die Namen der Kinder dazu.

a)

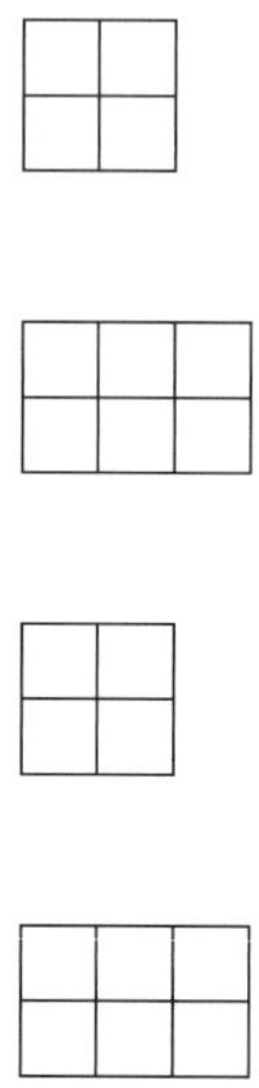

b)

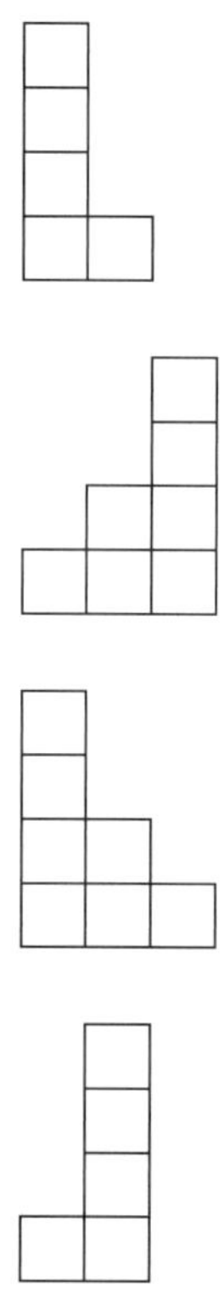

